Nuestro hogar ya nunca será el mismo

Larry Ray y la vieja casa

El fuerte vínculo espiritual y familiar con el lugar donde crecieron

Larry Ray Hardin, Autor

Dianne DeMille PhD, Escritora

Joaquin López Hermida, Translator

July 2022
Servicios de consultoría de Dianne
Anaheim, CA

Edición de bolsillo ISBN: 978-1-7360941-9-8
Traducción al español: Joaquín López Hermida

Prólogo

Escrito por Peter Jalajas, prensa independiente S.A., veteranos y libre expression

El destino tiene una extraña forma de unir a las personas, y tal es el caso de cómo conocí a Larry Ray Hardin. Ambos hemos servido a los Estados Unidos en trabajos de alto riesgo y altamente responsables - Larry Ray en su trabajo como agente de la DEA en la frontera mexicana, y yo como piloto naval volando desde portaaviones durante la guerra – pero es raro descubrir en estos días una nueva amistad con alguien que dedica su vida a fines superiores. Seré franco en mi análisis al decir que demasiada gente en nuestra sociedad mide sus logros en cuántos "juguetes" y "lujos" han acumulado con el tiempo. Conoces barcos, vehículos todo terreno, coches nuevos caros, joyas caras, caravanas, aviones, sistemas electrónicos y de entretenimiento de lujo, incluso segundas residencias o cabañas. Cuando me presentaron por primera vez los escritos de Larry Ray, sabía que estos logros materiales y la última moda de los consumidores no estaban en mi radar. Al contrario, estoy convencido que mide su éxito en escribir libros verdaderos y en difundir la buena palabra.

Estoy orgulloso de haber servido a mi país durante veinte años en la Marina (diez años en el servicio activo), incluyendo la rápida y corta guerra, Tormenta del Desierto, en 1991. Y estoy seguro que Larry Ray siente lo mismo con su trabajo en la DEA. En el ejercicio de mis obligaciones, me enfrenté a la pérdida de 20 compañeros de escuadrón cuya suerte les abandonó pronto, y Larry Ray está también familiarizado con tragedias similares. De los hombres que conocí pilotando, casi todos eran muy jóvenes, en la veintena. Y aquí estoy yo, doblándoles la edad, a mis cincuenta años teniendo la buena suerte de escribir el prólogo de un verdadero patriota americano. No podría estar más orgulloso. Pero perder a tantos compatriotas a tan temprana edad hizo que mis ideas y pensamientos tomaran una perspectiva más amplia, una visión del mundo más allá del mundo materialista que nos satura. Y así, me veo como un compañero de viaje de Larry Ray.

Nuestro hogar ya nunca será el mismo

Pensé que había vivido una vida bastante aventurera, pilotando aviones desde barcos y viajando gratis por buena parte del mundo. Pero fue aún mejor. Ahora soy piloto de un 787 para una importante aerolínea, viajando a más destinos de los que jamás pude imaginar: Londres, Paris, Tokio, Singapur, Shanghai, Munich, Amsterdam, Sydney, Melbourne, Frankfurt y más. Mi vida como piloto de línea aérea internacional es el ¡tipo de vida que la mayoría de la gente podría soñar! Pero la mayoría de mis viajes son muy, muy largos...10-12 horas para viajes entre Europa y Asia Oriental; 14-15 horas a Australia, o ¡17 horas a destinos lejanos como Singapur! Y más allá del deber de volar con estas travesías tan largas hay tiempo para la reflexión. Me reflejo en esos jóvenes que vuelven a casa de Iraq y Afganistán con estrés post-traumático o extremidades amputadas, viendo cómo sus vidas se han visto afectadas. Pienso por qué nosotros como nación tenemos nuestras fuerzas armadas presentes allí después de décadas. En mi tiempo libre en los hoteles, leo mucha historia y otros temas relacionados con los cambios sociales en nuestra sociedad, libros que probablemente no se encontrarán en la mayoría de las librerías. Por último, mi trabajo me presenta una amplia gama de personas con conocimientos y experiencias que ayudan a completar algunas piezas de rompecabezas que faltan en nuestro complejo mundo.

Debo admitir que me han dicho que me pongo muy serio e incluso me obsesiono con temas que atraen mi interés. Quizás es un defecto mío. Yo, también, disfruto del lado más amable de la vida, me relajo y río, y Dios sabe que hay mucho humor y entretenimiento que domina todo lo que vemos. Pero esas distracciones despreocupadas también sirven como cortina de humo. Y si usted es el tipo de persona, como yo, que observa los asuntos examinándolos profundamente y con análisis crítico, puede llegar a las mismas conclusiones.

Mientras hemos gastado billones de dólares intensificando nuestra presencia militar por medio mundo; yo, junto con otros millones de militares, hemos sacrificado mucho al servicio de nuestro país por mantener nuestra hegemonía sobre el Medio Oriente; una guerra real se acerca a su fin en nuestro propio frente interno. Pocos han notado sus largos e insidiosos planes durante más de un siglo, y aquellos que han intentado advertir sagazmente a otros han sido censurados por grandes plataformas de medios, y nefastas organizaciones sin fines de lucro etc. Tendría usted que estar muy afectado por el adoctrinamiento del sistema para no darse cuenta de lo que está sucediendo ante nosotros. Pero si ha estudiado al premio Nobel Laureate Aleksandr Solzhenitsyn, incluidas sus obras que no se han publicado formalmente en inglés, entonces comprenderá que estamos siendo testigos de una tiranía neobolchevique que se desarrolla en nuestra patria.

Las potencias gobernantes, aficionadas al globalismo, desdeñosas de la autodeterminación (que no sea la propia), no se preocupan por las naciones soberanas independientes más que controlarlas por dentro y por fuera. De aquí en adelante, el legado, la historia, y todo lo que pertenece a las personas que fundaron los Estados Unidos de América serán borrados cuando los neobolcheviques inicien lo que ellos llaman "El Gran Restablecimiento," lo que los disidentes llaman "El Gran

Reemplazo," mientras que la tecnocracia se burla de los impotentes de lo que Wilmot Robertson tituló La Mayoría Desposeída[1].

Los monumentos son derribados y salpicados de pintura roja con epítetos. La ingeniería social de arriba hacia abajo y la revolución del color dominan nuestra America mientras los despiadados buscan con ansia venganza y justifican todas las acciones, incluso la violencia, bajo la bandera de la "equidad." Hay disturbios en ciudades con poco control. Y los ciudadanos con valores conservadores y tradicionales empiezan a darse cuenta de que nada se ha conservado y que las elecciones por ordenador ya no son justas. Estos son los acontecimientos actuales que enmarcan mi prólogo.

¿Por qué traería asuntos tan serios en una breve introducción sobre crecer en Kentucky? Nuestro hogar ya nunca será el mismo se centra principalmente en los años cincuenta, sesenta y setenta. ¿Por qué sacar a colación la actual crisis de 2020? Aquí está la profunda e incómoda respuesta: Larry Ray, su legado, su duro trabajo, su vida sencilla y su pobre familia luchadora, sus vínculos con la naturaleza y Dios – todos son objetivos del sistema. Verá, conforme con la academia de las ciencias sociales y los adoctrinamientos corporativos de hoy, Larry Ray Hardin tiene [lo que ellos llaman] "Privilegio Blanco." Sí, ¡eso es lo que piensan! Y quizás después de leer este libro sobre sus dificultades, podrá afrontar todo eso, convirtiendo su culpa propia en respeto propio, no caiga en sus artimañas y, resista a la subversión del enemigo entre nosotros. Para Larry Ray, el único privilegio que reconoce es que tiene a Dios de su lado. Todo lo demás hoy es pseudo-ciencia subversiva y operaciones psicológicas de nuestra clase gobernante.

Le regalé a un amigo un libro titulado *Erasing the Liberty*[2], (borrando la Libertad), un libro que dio a conocer a los estadounidenses el ataque aéreo y marítimo israelí de 1967 contra nuestro barco de investigación técnica USS Liberty, según lo expuesto por los propios marineros de la Marina americana (estuvieron bajo secreto de sumario durante décadas; 34 militares murieron, 174 heridos; Medalla de Honor concedida al Capitán del USS Liberty

William McGonagle sin espectáculos). A su vez, ese amigo me dejó para que lo leyera uno de los libros de Larry Ray sobre su trabajo en la DEA, Luchando contra mi Mayor Enemigo*: Yo Mismo*. Terminé el libro en tres días mientras descansaba en Seúl, Corea, donde actualmente tenemos casi 30,000 soldados desplegados. Disfruté mucho de su forma de escribir, de sus historias de aventura, y su sabiduría bíblica. A mi regreso, le encontré promocionando sus libros en una librería de La Jolla. Y de ese trascendental encuentro, descubrí la crianza rural, las escasas comodidades, el arduo trabajo en empleos sucios, y otras circunstancias desafiantes que dieron forma a Larry Ray Hardin y a otros muchos estadounidenses hoy considerados "privilegiados" estando bajo ataque. Descubrí a un hombre amable que quieren que se vaya, un gran familia que quieren que sea reemplazada, una pequeña granja que quieren que sea olvidada, una historia que quieren que sea borrada.

Larry Ray es originario de la America rural. Es un hombre bueno y fuerte. Un hombre compasivo y espiritual. Un hombre noble e inteligente con encanto campestre. Un hombre motivado por una misión de Dios. Lea su historia de cómo creció en Big Plum Creek y que sirva como guía para la reflexión de una nación oculta a nuestros ojos – como lo ha estado el USS Liberty – mientras luchamos por sobrevivir como pueblo en apoyo de mundo occidental.

Detrás: Jeffrey Dewayne, Brenda Sue, Linda Lou,
James Daniel (Doodle Bug), Debra Jean, Larry Ray,
Delante: Joseph Richard (Bubbie) y Sharon Geneva

Las genuinas historias de Larry Ray Hardin y su familia descritas aquí son totalmente honestas, sinceras y reveladoras. Larry rápidamente aprendió siendo niño de sus padres, familia y parientes de Big Plum Creek, que el trabajo duro, la confianza, y la fe en Dios y en su hijo Jesús dan resultados positivos.

Sienta cómo un chico de Big Plum Creek y su familia vivieron sus vidas en los alrededores de los bosques y arroyos en las zonas agrícolas y rurales de Kentucky.

Nota del Autor

Los hechos reales que está a punto de leer hablan sobre un familia que vive cerca de los bosques y arroyos de Big Plum Creek. Los hermanos y hermanas fueron criados por padres trabajadores.

Papá era un hombre de pocas palabras que te miraba directamente a los ojos cuando buscaba la verdad. ¿Cuál es la verdad? No tenía mucha educación en lo que respecta a la lectura y la escritura. Solo sabía escribir su nombre. Pero tenía un aguda memoria para comprender los números y las matemáticas.

Mamá se afanaba en mantener a sus hijos seguros, alimentados y limpios y les hacía rezar juntos cada noche antes de ir a la cama. Mamá siempre decía, *"una familia que reza unida permanecerá unida."*

Los hechos, eventos, y conversaciones han sido recreados con la ayuda de los poemas personales de mamá, los recuerdos del autor, y las entrevistas con la familia, parientes, y amigos. Algunos nombres de personas se han cambiado por motivos de privacidad.

Larry Ray Hardin and Dianne DeMille, PhD

Sobre el autor

Larry Ray Hardin

Este libro es un relato verdadero sobre mis padres, hermanos, hermanas, parientes y amigos y nuestra infancia en Big Plum Creek rodeada de zonas agrícolas y rurales de Kentucky.

Larry Ray Hardin

Cuando era joven, buscaba el espíritu de Dios mientras deambulaba por el bosque y caminaba por la orilla de los arroyos. Estaba en paz con la naturaleza. Pero cierto día, tuve que abandonar mi casa y tomar una camino diferente.

Pensé; *¿quiero vivir toda la vida en Big Plum Creek? ¿puedo seguir con mi viaje espiritual lejos de Big Plum Creek?*

Soñaba que quería ver otros países y conocer a la gente que vivía allí. Un buen amigo me dijo, "para hacer realidad tus sueños, solo tienes que abrir los ojos." Decidí abandonar mi casa y Big Plum Creek para hacer realidad mis sueños.

Después de experimentar lo que significa ser 'espiritualmente pobre' viviendo en Big Plum Creek sentía que ya era afortunado de tener el amor de mi familia, parientes, amigos, y de la Iglesia Bautista de Big Plum Creek. Ya tenía claro lo que realmente quería hacer con mi vida.

Me alisté en la Marina con 25 años como ayudante del capellán. Por indicación del Señor Jesús y con fuertes valores familiares de duro trabajo, estaba decidido a obtener un título universitario en la Marina. Quería ser capellán militar.

Mientras prestaba servicio en Rota, España, me casé con mi mejor amiga, Catalina. Obtenidos ya mis títulos universitarios, dejé la carrera militar. Jesús tenía otros planes para mí y para Catalina.

Catalina

Encontré trabajo en San Diego, California en el Servicio de Inmigración (INS por sus siglas en inglés). Luego trabajé como funcionario de prisiones con la Agencia Federal de Prisiones en

San Diego. Posteriormente, en Enero de 1988, la Administración para el control de drogas (DEA) me contrató como Agente Especial. Me jubilé de la DEA, casi 24 años después.

Una semana después de dejar la DEA, empecé a trabajar en cuidados paliativos, visitando a veteranos jubilados de distintas ramas militares. Esperaba darles consejos espirituales.

También daba cursos de derecho penal en la Universidad de San Diego. Y, mientras me encontraba en la Base Naval de Rota, España, la Universidad Central de Texas (CTC por sus siglas en inglés) me contrató como profesor ayudante.

Cinco años después de jubilarme de la DEA, dos amigos investigadores privados me animaron a convertirme también en investigador (PI por sus siglas en inglés). Les dije, "no hago investigaciones de esposos infieles o UFOs (objetos volantes no identificados) secuestros, animales domésticos y de granja."

Creé una empresa de investigación privada siendo Presidente y Director Ejecutivo (CEO) de Investigaciones LRH. Qué sentimiento más maravilloso tener mi propio negocio con solo una empleada a tiempo parcial, una secretaria mi esposa y la mayor parte del tiempo, mi jefa. Más tarde, los investigadore no estuvieron satisfechos hasta que me convencieron para escribir junto a ellos un libro sobre nuestras experiencias en la vida, con la corrupción y muerte en la frontera suroeste de los Estados Unidos y México.

Después de varias reuniones al año con los investigadores y otro autor y escritor, fui coautor del *Camino del Diablo, basado en hechos objetivos de un agente de la DEA y dos investigadores privados.* El libro está basado en nuestras terribles experiencias con la corrupción de las fuerzas del orden en los puertos de entrada (POEs por sus siglas en inglés) a lo largo de la frontera suroeste de los Estados Unidos y México.

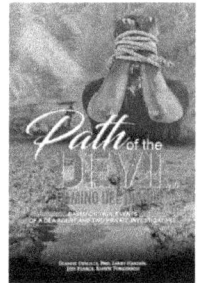

Mi segundo libro *Luchando con mi Mayor Enemigo, Yo Mismo: Una historia verdadera inspirada por un agente de la DEA donde soy único autor.*

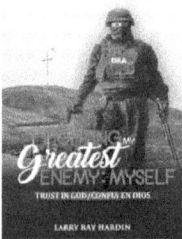

Nuestro hogar ya nunca será el mismo

Ambos libros están disponibles en español, audio, y podcast. Mi propia voz aparece en los audios y podcasts.

Introducción

La familia Hardin

Después de dar a luz mamá a ocho bebés empezando a los 17 años, tuvo que parar por fin a causa de su delicada salud.

Mamá dijo que me trajo al mundo a mí primero, con 17 años. Ella admitió, "Larry Ray, todavía estabas dando pataditas hasta que finalmente pudiste salir. No estabas muy feliz cuando saliste de mi estómago y te acostaron en la cama un caluroso mes de Julio."

"En casa de mamá en Bardstown, tu cara estaba roja de tanto gritar cuando el Doctor Mudd te dio dos cachetes en el culete. Tus hermanos y hermanos solo necesitaron un sopapo de los médicos," explicaba mamá.

Mamá dijo entonces, "diez meses después, en Agosto, di a luz a Jeffrey Dewayne en una pequeña casita de dos habitaciones cerca de un arroyo a las afueras de Bardstown. El Doctor Mudd solo le dio un cachete para hacerle llorar. Chicos, pesasteis cada uno alrededor de cuatro kilos. Creo que fue de comer los ya pasado de moda bocadillos de mortadela y de beber muchos refrescos de Big Red lo que os hizo engordar."

Mamá explicaba que Brenda Sue y Linda Lou nacieron diez meses después en Octubre en una antigua granja blanca cerca de una zona arbolada junto a un arroyo en el Condado de Nelson. Ella dijo, "me sorprendí lo rápido que di a luz a Brenda Sue."

"Estaba casi sentada en el retrete cuando me asustó Linda Lou ya que quería salir en el mismo cuarto de baño. El Doctor Skaggs nunca dijo que yo iba a tener gemelos hasta que vio a Linda Lou intentando nacer," dijo mamá.

"Después de dar a luz a Linda Lou, el Doctor William Skaggs empezó a mirarme fijamente como si otro viniera en camino," explicó.

"¿Dónde está Junior?" preguntó el Doctor Skaggs.

Mamá dolorida contestó, "está ordeñando las vacas."

Después de nacer los gemelos, papá le dio un respiro a mamá para que no diese a luz cada nueve o diez meses. Después de un año y cinco meses aproximadamene nació Debra Jean en el hospital. Nació con pelo y cachetes rojizos.

Mamá dijo, "por tener el pelo rojo Debra Jean es la favorita de papá. Debra Jean, Sharon Geneva, Joseph Richard (Bubbie), y James Daniel (Daniel o Doodle Bug) todos nacieron en el hospital de Louisville, Kentucky."

"Casi pierdo la vida al tener a James Daniel. Los médicos me dijeron que debía de parar al parir casi cada año ya que mi vientre estaba débil," dijo mamá.

Brenda Sue y Linda Lou preguntaron, "¿qué es un vientre?"

Los médicos dijeron, "no más niños."

"Amén," respondió ella.

"Larry Ray, tu eres el mayor. Me tienes que ayudar a cuidar a tus hermanos y hermanas," dijo mamá.

"Mama, ¿por qué has dado a luz tantas veces?" preguntó Debra Jean.

"Debra Jean, no pude tomar píldoras anticonceptivas."

Nuestro hogar ya nunca será el mismo

Sharon Geneva preguntó, "¿qué son píldoras anticonceptivas?"

Los hijos de Betty & Ray

"Mi fe católica no me permitía tomar pastillas, es pecado. Tu papá no quería parar de tener hijos," admitió ella.

Jeffrey Dewayne preguntó, "por qué no para ya papá de tener bebés?"

Me preguntaba; ¿cómo consiguió mamá no quedarse en estado de nuevo?

Capítulo 1

Sangre por todo el pecho

El abuelo compró una antigua casa de campo de tres habitaciones y un establo de tabaco en un valle junto a un riachuelo en Mount Washington, Kentucky. Más tarde, nos mudamos a la casa de campo de tres habitaciones, yo tenía casi seis años y Jeffrey Dewayne casi cinco.

Jeffrey Dewayne y yo estábamos delante de la puerta de entrada de nuestra casa de campo una mañana junto al pozo de agua cuando miré hacia arriba y vi a papá y al abuelo Hardin en el tejado reparando las viejas y deterioradas tejas de madera.

Papá y el abuelo intentaban que el agua no entrara en la casa por las grietas y agujeros que había en el tejado.

Pensaba; ¿por qué nos mudamos a una antigua casa de campo sin baño y con agua goteando del techo?

Papá me gritó, "Larry Ray, dame algunos clavos del cubo que hay junto a tí."

Papá bajó a recoger los clavos que tenía en las manos.

El abuelo Hardin, con un gran sombrero de paja, me miró y sonrió. Tenía miedo que papá y el abuelo se cayeran del techo.

Jeffrey Dewayne gritó, "bajemos al arroyo a tirar piedras a las serpientes en el agua."

Al día siguiente, Jeffrey Dewayne y yo estábamos en el establo de tabaco intentando jugar con los pollitos amarillos. La mamá gallina hacía lo posible por mantenernos alejados de los polluelos.

Susurré, "Jeffrey Dewayne, voy a coger un polluelo. Aleja a la gallina de mí."

La gallina comenzó a perseguirle mientras yo intentaba coger con las manos el polluelo. Yo gritaba y corría haciendo círculos para evitar ser picoteado en las piernas por la gallina.

Yo gritaba, "para ya y cállate. Estás asustando a los polluelos."

El abuelo gritó, "dejad en paz a los pollitos."

Nuestro hogar ya nunca será el mismo

Me di cuenta que el abuelo y la abuela ayudaban a papá a colocar tabaco en el granero. El abuelo estaba en una carretilla con el tabaco en sus manos. Esperaba a que papá

Granero de tabaco

subiera a la parte de arriba del granero y lo colocara en las vigas para que se secara.

Sin la camisa puesta, papá comenzó a trepar tan rápido como una ardilla agarrando las vigas de madera. Una vez arriba, el abuelo le gritó, "Junior, te vas a resbalar, las vigas están viejas y podridas. Te vas a caer y a golpear con el suelo."

Rápidamente miré hacia arriba para ver porqué el abuelo le gritaba a papá. De inmediato, le vi perder el equilibrio sobre las vigas podridas.

Papá intentó agarrase con las manos a las otras vigas para no caerse. Ya era tarde. Se cayó golpeándose el lado izquierdo del cuerpo haciendo gran ruido. Estuvo tumbado durante varios minutos.

El abuelo pensó que papá se había roto el cuello. En ese momento, papá intentó levantarse lentamente, el abuelo y la abuelo le ayudaron a mantenerse en pie. JeffreyDewayne y yo no pudimos ni movernos para ayudarle. Nunca había visto a nadie caer tan bruscamente, especialmente a papá.

Noté que la parte izquierda de su pecho estaba amoratada y sangrienta. *¡Guau! parte de su piel había desaparecido.*

El abuelo que estaba a su lado le sujetó y le dijo. "Junior, ¿te encuentras bien?"

No le dijo nada al abuelo.

La abuela se dio la vuelta y corrió a casa gritando buscando a mamá.

Corrí hacia papá y me puse a su lado. Vi mucha sangre oscura y suciedad en la parte izquierda de su pecho. El abuelo continuaba diciendo, "Junior, ¿estás bien? ¿te has roto algo?"

Papá, dolorido, sonrió y dijo, "no. Estoy bien."

Yo pensaba; toda la sangre y suciedad y piel que ha perdido y ni siquiera se ha quejado. *Sonreía como si fuera a abrazar a mamá cuando la viera.*

Nuestro hogar ya nunca será el mismo

Rápidamente miré hacia la casa y vi a mamá y a abuela saliendo por la puerta de la cocina. La abuela llevaba una sábana blanca de mamá en sus manos.

De cerca, seguían a mamá, Brenda Sue y Linda Lou, de cuatro años.

Mamá llevaba tanta prisa que dejó sola a Debra Jean en la cama dentro de la casa. Nuestra hermana pequeña tenía casi dos años.

Mamá continuaba preguntándole, "Junior, ¿te has roto algún hueso o alguna costilla? ¿te has golpeado la cabeza? ¿puedes respirar? ¿te encuentras bien?"

Le oí decirle a mamá que estaba bien.

La abuela comenzó a frotarle el lado izquierdo del pecho con una crema blanca, luego le puso la sábana alrededor.

Mamá le dijo a papá, "¿qué hacías? ¿por qué te subiste al granero estando las vigas podridas?"

"Estoy bien, necesitaba colocar el tabaco," contestó papá. Yo me quedé mirándole mientras el subía al granero con la sábana alrededor de su pecho.

Capítulo 2

Nunca maté a nadie

Al final de la tarde, Jeffrey Dewayne y yo estábamos sentados junto al abuelo en el granero de tabaco. Papá, abuelo y abuela estaban terminando de colocar el tabaco. Un pollito amarillo que se encontraba entre las piernas del abuelo rascaba la tierra. El abuelo cogió al pollito con cuidado con su mano derecha. Le susurró a Jeffrey Dewayne, "¿quieres coger al pollito?"

Jeffrey Dewayne dijo "no" con la cabeza y se alejó del abuelo. Tenía miedo que la mamá gallina le picoteara en las piernas.

Yo dije, "Sí."

Tenía en mis manos un pollito amarillo. De repente, al intentar saltar de mis manos, las apreté para que no saliera.

Luego pensé; ¿por qué no se mueve el pollito en mis manos?

El abuelo gritó, "chico, ¡déjale ir! ¡deja que el pollito se vaya!"

Nuestro hogar ya nunca será el mismo

Abrí las manos y el pollito cayó al suelo a los pies del abuelo. Lentamente le miré y dije confundido, "no se mueve abuelo."

"Apretaste al pollito con demasiada fuerza. Está muerto," respondió.

Rápidamente miré a Jeffrey Dewayne que empezó a llorar. Nunca había matado a nadie antes, quizás serpientes y abejas. Me sentía muy mal.

Larry Ray Hardin and Dianne DeMille, PhD

Capítulo 3

No te picará

Unos días después en el granero papá, Jeffrey Dewayne, observábamos al abuelo intentando coger un abejorro negro con las manos. El abuelo gritaba, "eh chicos, voy a coger al abejorro con mis manos. No me picará."

Abejorro negro

¡Guau! el abuelo rápidamente extendió su mano y atrapó al abejorro que estaba posado sobre una bolsa vacía.

Inmediatamente miré a papá, no dijo nada, solo sonrió. Jeffrey Dewayne y yo podíamos escuchar el ruido que hacía el abejorro en la mano del abuelo.

Lentamente el abuelo abrió la mano. El abejorro salió volando con rapidez y desapareció dentro del granero.

El abuelo dijo, "nunca me ha picado un abejorro, mira mi mano, no está ni roja ni hinchada."

"Abuelo, ¿puedo coger yo también un abejorro con la mano?" pregunté con entusiasmo.

El abuelo y papá rieron.

Varios días después, me encontraba en el arroyo cerca del retrete exterior con Jeffrey Dewayne, Brenda Sue, y Linda Lou buscando serpientes en el agua.

De repente, vi un gran abejorro negro y dorado volando al lado de unas margaritas. Rápidamente miré a Jeffrey Dewayne y le grité, "mira como cojo al abejorro de encima de la flor. No me picará."

"No es igual al que cogió el abuelo en el granero," dijo Jeffrey Dewayne.

Este abejorro es casi negro, contesté.

Brenda Sue y Linda Lou salieron de un salto del agua del arroyo como si hubieran visto una gran serpiente. Salieron corriendo para casa como dos cachorros buscando a su madre.

"Vamos a decirle a mamá que te estás peleando con abejorros grandes," gritaban.

Creo que estaban asustadas al verme peleándome con un abejorro. Sin pensarlo, cogí con rapidez al abejorro de la margarita con mi mano derecha.

Nuestro hogar ya nunca será el mismo

"¡No has cogido el abejorro!" gritaba Jeffrey Dewayne.

Susurré, "oh sí que lo hice. ¿Puedes escuchar el sonido que hace dentro de mi mano? Escúchalo. El abejorro está realmente loco."

Sonreía de oreja a oreja como una comadreja con el abejorro en la mano.

El abuelo estaría orgulloso de mí por coger el abejorro con la mano, pensaba.

"¡Guau! escucha el ruido que hace, está loco," gritaba yo. Empecé a agitar la mano con fuerza con el abejorro dentro.

De repente, me picó y empecé a gritar.

Abrí la mano rápido, y salió volando como un cohete directo hacia Jeffrey Dewayne.

Jeffrey Dewayne estaba agitado al ver al abejorro volando hacia él; se cayó de culo y dio un salto para levantarse.

Grité, "no te muevas. Ni le hagas nada."

Miré fijamente a Jeffrey Dewayne y vi miedo en su cara, como si le fuese papá a dar un sopapo. Tenía al abejorro en el pelo.

Finalmente, se levantó del suelo, moviendo las manos, e intentó golpearlo.

"No muevas las manos," le grité.

Pensé ¿por qué está dando vueltas alrededor? el abejorro se estaba realmente enfadando con Jeffrey Dewayne.

"No vayas a casa corriendo como Brenda Sue y Linda Lou. Corre hacia el granero de tabaco. ¡Corre Jeffrey Dewayne!," gritaba yo.

El abejorro seguía de cerca a Jeffrey Dewayne mientras corría con las manos levantadas gritando como si hubiera visto uno de los fantasmas sin cabeza mirando por la ventana de la habitación.

Me preguntaba; ¿por qué corre hacia la casa? *Mamá no puede ayudarle. ¡Lo va a matar si entra corriendo en la casa con el abejorro encima!*

Le grité de nuevo, "corre hacia el granero, no hacia la casa."

Pensé en voz alta; finalmente paró de dar vueltas, y corrió hacia el granero en vez de hacia la casa.

Nuestro hogar ya nunca será el mismo

Oí a Jeffrey Dewayne gritar dentro del granero mientras tiraba latas y cubos a su paso. No me preocupé más por él. Me dolía la mano derecha por la picadura del abejorro, tenía el tamaño de un huevo y estaba roja e hinchada.

Fui hacia el arroyo y metí la mano hichada en el agua fría. ¡Guau!, vi dos serpientes en el agua. Grité, "oye, Jeffrey Dewayne, deja ya al abejorro y ven para acá. He visto dos serpientes en el agua."

Abejorro

Papá me explicó esa noche antes de acostarme que un abejorro carpintero no podía picarme. "El abuelo cogió un abejorro carpintero, no un moscardón. Ambos se parecen. El abejorro es negro, pero tiene una banda de color dorada y te puede picar."

Miré a papá y le dije, "debo haber cogido un moscardón."

Larry Ray Hardin and Dianne DeMille, PhD

Capítulo 4

Cortarle el cuello

Hacía frío una mañana cuando Jeffrey Dewayne, nuestro primo Gary Hedden, y yo seguimos a papá y al tío Bill Hedden al arroyo.

Papá llevaba su escopeta para cazar conejos del calibre 12 al hombro. El tío Bill llevaba en sus brazos un corderito blanco y un cuchillo en su mano. Noté que papá y tío Bill habían encendido un pequeño fuego bajo una tetera de hierro negra junto al arroyo.

Me preguntaba; ¿qué hacía una cacerola colocada sobre el fuego?

Larry Ray con la escopeta de papá

El corderito chillaba cuando el tío Bill cogió el cuchillo y le cortó el cuello.

De inmediato pensé; ¿por qué le ha cortado el cuello?

Después de que la sangre del cordero se derramara por el suelo, el tío Bill cortaba la piel del cordero. Yo, Jeffrey Dewayne y Gary corrimos hacia el granero.

Un rato después, papa gritó, "Larry Ray, y vosotros venid al arroyo."

Papá preguntó, "¿chicos, queréis disparar con la escopeta?"

No, dijimos.

Yo tenía seis y Jeffrey Dewayne y Gary Hedden cinco años.

"Coge la escopeta Larry Ray. Quiero que permanezcas a mi lado," dijo papá.

Luego, me puso en las manos la pesada escopeta. Y me explicó, "ahora vas a levantarla hasta el hombro, con los dedos lejos del gatillo."

Recordaba a papá junto a mí mientras me ayudaba a levantar la escopeta hasta mi hombro izquierdo. Y me dijo, "¿ves esa lata de cerveza vacía en el suelo delante del granero?"

Le dije, "Sí, papá."

"Apunta a la lata de cerveza y aprieta el gatillo," dijo papá.

Nuestro hogar ya nunca será el mismo

Oí un gran ruido. Cuando miré hacia arriba, vi a Jeffrey
Dewayne y Gary junto a mí con sus bocas abiertas de par en par,
sin decir palabra.

Susurré, "¿qué ha pasado?"

"Te caíste al suelo de espaldas," contestó Jeffrey Dewayne.

Tumbado en el frío suelo, miré a mi alrederdor y dije
"¿dónde está la escopeta?"

Con la escopeta en la mano, papá se agachó y rápidamente
me levantó del suelo. Me había lastimado el hombro izquierdo,
pero no lloré.

Capítulo 5

La voz de Santa Claus suena como la de papá

Después de disparar con la escopeta de papá a esa lata de cerveza, yo quería mi propia escopeta. Le pregunté a papá, "¿le puedo pedir a Santa Claus una escopeta por Navidad?"

"Quizás un escopeta del calibre 20 de un solo cañón," respondió, pregúntale a tu madre."

En Nochebuena, mamá colocaba leña en el horno de la cocina. Mi hermano, hermanas y yo mirábamos por la ventana del dormitorio esperando que papá llegara del trabajo. Estaba ya casi oscureciendo cuando por fin vimos su viejo coche, por el camino de tierra cubierto de nieve, llegar a casa.

Y me preguntaba; *¿por qué llega papá tarde a casa de su trabajo como soldador en Louisville? ¿Dónde está Santa? no está en la casa. Quizás papá sabe dónde está Santa Claus.*

De repente, el coche de papá desapareció dejando atrás el viejo peral de casa.

A los pocos minutos, oí a alguien gritando desde la cocina, "Ho! Ho! Ho!"

Nuestro hogar ya nunca será el mismo

Oscurecía y hacía frío afuera cuando Santa Claus llegó por fin a casa. *¿pero dónde estaba papá? ¿fue al granero? sé que mamá estaba poniendo leña en el horno de la cocina, pero no hablaba con Santa Claus.*

Nosotros mirábamos a través de la puerta de la habitación hacia la cocina para ver si Santa Claus hablaba con mamá.

¡Guau!, vimos a mamá reirse de Santa Claus.

Debra Jean estaba tumbada en el gran colchón de papá y mamá mientras veíamos a Santa Claus susurrándole al oído a mamá.

Rápidamente me di cuenta que Santa Claus no llevaba nada rojo o negro, llevaba puesto una desgastada camisa gris de mangas largas, no una chaqueta roja. Y unos pantalones grises oscuros sucios, no de color negro, y con botas marrones muy sucias que no eran negras.

Me preguntaba; *el hombre que habla con mamá no se parece a Santa Claus que aparece en las revistas.*

Santa Claus llevaba una gorra de béisbol en la cabeza. El pelo no era blanco sino rojizo como el de papá. No estaba gordo, más bien muy delgado.

Me dije; *la barba blanca de Santa Claus parece una gran bola de algodón envuelto alrededor de su cabeza con una goma marrón.*

Santa Claus continuaba en la cocina con una especie de bolsa de alimentación marrón al hombro susurrándole a mamá.

Miré la pequeña bolsa marrón de Santa Claus y pensé; *se supone que la bolsa debe ser grande y negra, no marrón.*

Le susurré al oído a Jeffrey Dewayne y le dije, "la bolsa marrón de Santa Claus se parece a la que hay en el granero con la comida de los pollitos*."*

Y me preguntaba; ¿dónde está papá?*¿sabe que Santa Claus está solo con mamá en la cocina? ? por qué continua mamá susurrándole a Santa Claus al oído?*

Santa Claus, con la pequeña bolsa marrón al hombro, entró en la única habitación de la casa gritando, "Ho! Ho! Ho!," nos miró con sus brillantes ojos azules y gritó, "tengo algo para

vosotros y para mamá"

Santa Claus dejó caer la bolsa en el suelo de la habitación y

la abrió. Lentamente sacaba juguetes de la bolsa, me miró y gritó

"Ho! Ho! Ho! Esto es para tí," me dio un avión de madera, no mi

escopeta del calibre 20.

Miré a Santa Claus y le dije "yo no he pedido un avión de

madera. ¿dónde está mi escopeta?".

Respondió, "Larry Ray, tu madre dijo que no."

Pensé; *la voz de Santa Claus se parece a la de papá.*

Larry Ray Hardin and Dianne DeMille, PhD

Capítulo 6

Casi muere ella

Cuando paseábamos por el bosque e íbamos al arroyo, mamá solía hablar sobre Jesús y cómo EL vivía y murió en una cruz de madera. Ella decía, "EL sufrió en la cruz porque nos amaba."

"Mamá, ¿crees que vamos a morir?" preguntó Brenda Sue.

"No, no ahora," respondió.

Antes de acostarme esa noche, pude ver a mamá con un rosario en las manos rezándole a la madre de Jesús, María, para mantenernos a salvo.

Mamá en estado, Debra Jean, Brenda Sue y Linda Lou

Brenda Sue y Linda Lou jugaban cerca de unos rosales detrás de la casa. Jeffrey Dewayne y yo nos peleábamos con las abejas que volaban cerca de los margaritas de mamá cerca del arroyo. De repente, Linda Lou le gritó a mamá.

23

Linda Lou nos gritó también a Jeffrey Dewayne y a mí para que ayudásemos a Brenda Sue, tartamudeaba intentando decir que Brenda Sue bebió algo de una botella blanca. Luego corrió a casa buscando a mamá.

Miré a Jeffrey Dewayne y le dije, "Linda Lou habla raro. No puedo entenderla, ¿qué ha dicho?"

"No lo sé," respondió.

Jeffrey Dewayne y yo fuimos corriendo hacia los rosales para ver qué le había sucedido a Brenda Sue. Estaba tumbada de espalda en el suelo. No respiraba y su cuerpo temblaba, la vi vomitar.

Mamá inmediatamente corrió hacia Brenda Sue y la levantó del suelo. Ella chillaba, "no respira."

Empezó a golpear a Brenda Sue en la espalda. "¿bebió lejía de la botella vacía?" gritaba mamá.

"Mamá, no lo sé," respondió.

Linda Lou, dijo llorando, "Sí." Luego, empezó a tartamudear. Mamá era incapaz de entender lo que decía.

Nuestro hogar ya nunca será el mismo

Mamá rápidamente entró en la casa llevando a Brenda Sue en sus manos. Llorando y tartamudeando, Linda Lou le seguía de cerca. Seguía explicándole a mamá lo que le había sucedido a Sue junto a los rosales, pero su tartamudeo empeoraba. Jeffrey Dewayne y yo nos quedamos afuera cerca de la puerta de la cocina por si mamá necesitaba ayuda.

Ya entrada la tarde, cuando papá volvió a casa del trabajo, Mamá le dijo, "Brenda Sue bebió un poco de lejía de una botella. Y dejó de respirar. Le di varios golpes en la espalda hasta que comenzó a respirar por sí sola. Ya está bien."

"No tenemos teléfono ni otro coche," dijo mamá. Ella le decía a papá que si algunos de los niños se lastimara o enfermara, tenía que llevarlos al médico.

Mamá le dijo, "quiero aprender a conducir."

Respondió, "de acuerdo."

Pasaron varios días hasta que Brenda Sue salió de casa y fue al arroyo con nosotros a buscar serpientes en el agua. Allí, noté que no hablaba demasiado. En vez de hablar, hacía gestos raros y ruidos. Movía los brazos en diferente direcciones como si estuviese espantando abejas. Hacía sonido extraños que no entendíamos.

A veces, Jeffrey Dewayne y yo oíamos a Brenda Sue en el retrete exterior haciendo ruidos extraños; como alguien golpeando la tapa del retrete o pisoteando el suelo de madera. Nosotros nos reíamos cuando ella hacía esos graciosos ruidos.

Después de que mamá nos viera a Jeffrey Dewayne y a mí reírnos de Brenda Sue, ella dijo enfadada, ha tragado lejía. Tenía efectos secundarios en su cara, brazos, piernas y en el habla. Chicos, tenéis que dejar de reíros de vuestra hermana, quiero que recéis por ella".

"¿Y el tartamudeo de Linda Lou? ¿qué le ha pasado?" preguntó mamá.

Mamá y Papá estaban preocupados por el comportamiento de Brenda Sue; no era normal que continuara moviendo los brazos, haciendo muecas, y sonidos extraños afuera en el retrete exterior.

Papá dijo, "Betty, necesitas aprender a conducir mi coche y a tener un teléfono en la casa. Algo le podría pasar a los chicos, viviendo en el bosque tan lejos."

Nuestro hogar ya nunca será el mismo

Posteriormente, Mamá decidió aprender por sí misma a conducir por la carretera de tierra que llevaba al arroyo. Un día, montó a Debra Jean en el asiento del pasajero del viejo coche de papá, luego se puso al volante. De repente, el coche dio un tirón hacia delante, después hacia la derecha golpeando una pared de tierra junto al granero antes de caer al agua del arroyo.

Papa gritó, "me has destrozado el coche. Déjame conducir." Mamá y papá no se dirigieron la palabra hasta bien entrada la tarde.

Después del incidente con Brenda Sue y el coche destrozado de papá, mamá decidió enseñarnos a rezar el Padre nuestro.

Capítulo 7

Compartíamos la misma agua del baño

Tan pronto desaparecía el sol tras los robles y arces del valle, mama gritaba, "¡salid del arroyo! es hora de ir a casa ya. Está oscureciendo. Es hora de cenar."

Normalmente, preparaba pan de maíz y frijoles. Después de la cena, me sentaba junto a la ventana de la cocina a escuchar el ruido de los pájaros en el bosque y el arroyo, yo solía entrar en la habitación para ver que hacían mis hermanos y hermanas.

Larry Ray

Jeffrey Dewayne y yo jugábamos con soldaditos de madera y Brenda Sue y LindaLou con sus muñequitas. Gateando por el suelo, Debra Jean buscaba algo que llevarse a la boca.

A veces, papá jugaba con Debra Jean, lanzándola al aire y cogiéndola. Mamá escuchaba las noticias e historias sobre otras gentes en la radio. No teníamos ni TV ni teléfono en la casa hasta que nos mudamos a Louisville.

Nuestro hogar ya nunca será el mismo

La vieja casa de campo de madera tenía solo dos habitaciones que mamá usaba, una cocina y un dormitorio. Mamá, papá, y Debra Jean dormían juntos en una cama de plumas. Jeffrey Dewayne, Brenda Sue, Linda Lou, y yo dormíamos en una más pequeña. Jeffrey Dewayne y yo en la parte de arriba. Brenda Sue y Linda Lou en la de abajo.

Cuando era hora de ir a la cama mamá gritaba, "lavaos las manos y los pies y a la cama."

Compartíamos la misma agua, cuando nos lavávamos, y nos íbamos a la cama.

Una vez en la cama, mamá nos hacía rezar el Padre nuestro.

Después de rezar, Jeffrey Dewayne y yo nos empujábamos y nos dábamos patadas en la cama. Nuestras hermanas también nos daban patadas a los pies de la cama.

Para dejar de pelearnos, mamá susurraba, "a dormir. Hay un fantasma sin cabeza que os observa por la ventana de la habitación. Antes de que el fantasma os coja y os lleve al bosque, dejad de pelearos y a dormir."

A veces, mamá nos contaba una historia de fantasma sobre un hombre sin cabeza que deambulaba por el oscuro bosque y gritaba pidiendo ayuda. ¿Podéis oir al fantasma gritar en el valle?" dijo ella.

Mamá nos decía, "cuando yo era pequeña, yo me quedaba sola con mis hermanos y hermanas, mientras papá y mamá buscaban trabajo en la ciudad. Una noche, escuché que alguien arañaba la puerta de entrada. Al abrir la puerta vi a hombre sin cabeza, intenté darle una patada en las piernas para que no entrara en nuestra casa a tan altas horas de la madrugada. Por fin, le golpeé tan fuerte que gritó, "volveré de nuevo."

El hombre continuaba gritando mientras desaparecía en la oscuridad. "Podía ver al malvado fantasma desaparecer en el bosque oscuro. Anoche, pensé que oí al fantasma gritando y chillando fuera de la casa," susurraba ella.

Si las historias del fantasma de mamá no conseguía que parásemos de pelearnos en la cama, entonces ella usaba el truco de la escoba malvada. Usando su lápiz de labios, ella pintó en una bolsa de papel marrón unos ojos, una nariz, y una boca roja y grande.

Ella solía poner, en la esquina detrás de nuestra cama, una bolsa con una cara pintada sobre una escoba que nos miraba fijamente. Una vez, cuando Jeffrey Dewayne, mis hermanas, y yo vimos esa horrible cara en la esquina, nos escondimos debajo de la sábana, callados como ratones.

El truco de la escoba funcionó por un tiempo. Una vez, encontré la escoba debajo de la cama de mamá me preguntaba; ¿pintaba una cara en la bolsa para asustarnos y que no nos peleáramos?

Después de eso, su truco ya no funcionó conmigo. Como sabía que la bolsa ya no me asustaba, empecé de nuevo a pelearme en la cama. Mis hermanos no solían responder, estaban demasiado aterrorizados con la cara malvada de la esquina de la habitación.

Papá me zurró con su cinturón por darle patadas a mis hermanos. Su cinturón me hizo marcas rojas en el culo y las piernas. Los azotes surtieron efectos ya que dejé de pelearme con mis hermanos por un tiempo.

Una noche, después de oscurecer, Jeffrey Dewayne y yo pudimos escuchar ruidos en el bosque y el arroyo por la ventana de nuestra habitación. Oíamos búhos, ranas, langostas, grillos, y animales extraños vagando por el bosque y el arroyo. De repente, Jeffrey Dewayne susurró, "puedo escuchar el fantasma sin cabeza deambulando cerca de la ventana de nuestro habitación. ¿Crees que el fantasma vive en el granero?"

A primeras horas de la mañana, antes de que papá se fuera a trabajar, Linda Lou y yo nos despertamos con frío y mojados porque Jeffrey Dewayne y Brenda Sue se hicieron pipí en la cama. Mamá tuvo que lavar nuestra manta y las sábanas de nuestra cama todos los días por el pipí húmedo y apestoso.

Papá zurró a Jeffrey Dewayne y Brenda Sue, pero no consiguió que dejaran de hacerlo; es más seguían haciéndolo.

Me preguntaba; *¿asustaban las historias de fantasmas y la cara malvada de la escoba para que Dewayne y Brenda Sue se orinasen en la cama?*

A veces, mamá nos solía llevar de paseo por el bosque y más tarde nos bañábamos en el agua del arroyo. A veces, nos hacía

Nuestro hogar ya nunca será el mismo

recoger bellotas para hacerles un" collar indio" a nuestras

hermanas. Si teníamos que ir al baño, el bosque y el arroyo, eran

nuestro retrete.

No teníamos un baño
en nuestra vieja y ruinosa casa
de campo, solo un cubo para
hacer pipí debajo de la cama.
Sí que había un retrete

Retrete exterior

exterior junto al granero. Pero estaba a mucha distancia para que

Jeffrey Dewayne, Brenda Sue, y Linda Lou caminara en la

oscuridad, especialmente cuando el fantasma sin cabeza vagaba

por la cama.

Cuando mamá no nos veía, Jeffrey Dewayne y yo solíamos

entrar a hurtadillas en una habitación vacía para hacer pipí. Le

susurré, "vigila a mamá, no quiero que me coja haciendo pipí por

la ventana." Levantaba la ventana lo suficiente para poder hacer

pipí. Aprendí a hacer pipí por la ventana viendo a papá.

Puede que se pregunte si usábamos papel higiénico en el

bosque y el arroyo? *Las hojas de los árboles, arbustos, y la hierba eran nuestro papel higiénico. ¿Habrías llevado papel vagando por*

el bosque y el arroyo en los valles?

Capítulo 8

No tengo miedo

"Larry Ray, vivíamos en el bosque demasiado lejos de la parada del autobús. No puedo acompañaros a tí y a tus hermanos. Podéis ir a la escuela una vez que nos mudemos a la ciudad," explicó mamá.

Le pregunté, "¿por qué no puedo ir a la escuela ahora? Tengo seis años. No me da miedo caminar por el bosque y cruzar el agua del arroyo solo por la mañana temprano y después ya entrada la tarde. No hay animales salvajes que quieran comerme."

"Es demasiado peligroso que camines en la oscuridad de la madrugada por el camino de tierra desde casa para esperar el autobús. Y después volver a casa a última hora de la tarde," contestó mamá.

Una vez, mamá trepó por una puerta de madera y pisó un clavo. No podía sacarse el clavo del zapato. Me hizo correr casi dos kilometros a través del bosque y cruzar el arroyo para pedir ayuda en la granja de los vecinos. Tuve que parar para hacer pipí tras un cedro, luego continué hasta llegar a la granja.

Estaba muy orgulloso de ayudar a mamá. Papá también estaba orgulloso de mí.

Ese mismo verano, mamá dijo, "nos mudamos a la ciudad, para que vuestro papá pueda estar más cerca de su trabajo. Entonces, tú y Jeffery Dewayne podéis ir juntos a la escuela."

Tuve que perderme el primer año de escuela por vivir en el valle.

Después del primer año en la vieja granja en ruinas junto al arroyo, papá finalmente nos trasladó a Louisville, Kentucky. Nos mudamos a las mismas casas donde vivían el tío Bill Hedden, la tía Ruby y sus hijos. Era la primera vez que veíamos la TV en la casa del tío Bill. Sus hijos, Gary y Patty Ann, jugaban a la pelota con Jeffrey Dewayne, Brenda Sue, Linda Lou, y conmigo en una callejón detrás de las casas.

A veces, otros niños del vecindario nos tiraban piedras para que saliéramos del callejón. Mama decía, "creo que los niños mayores querían que vosotros os fueráis del callejón para que ellos pudiesen oler líquido inflamable y botes de pintura."

Nuestro hogar ya nunca será el mismo

En la ciudad, Jeffrey Dewayne y yo empezamos a ir a una escuela católica. Estábamos juntos en el primer curso. Yo tenía siete años y Jeffrey Dewayne seis.

Gary Hedden, Jeffrey Dewayne, Larry Ray

Le pregunté a mamá, "¿por qué no pueden ir Gary y Patty Ann a la escuela con nosotros?"

Mamá dijo, "Gary y Patty Ann no son católicos. Son bautistas. Van a una escuela pública."

Después de una semana en la escuela católica, en la clase, una monja me golpeó la mano con una regla de madera. Luego me cogió por la oreja izquierda y me sacó del pupitre.

Me preguntaba; ¿por qué me golpea la monja? *¿fue porque usaba una pajita para tirarle bolitas a Jeffrey Dewayne en la nuca?*

Jeffrey Dewayne solo miraba cuando la monja me golpeaba con la regla. Levantaba la mirada y le veía sonreir como una comadreja muerta mientras ella continuaba golpeándome y me tiraba de la oreja.

Cuando la monja me tiraba de la oreja izquierda mientras estaba sentado en el pupitre, me levantaba gritando. Me dolía. No me soltaba hasta que me iba al rincón de la clase.

Y me preguntaba; *¿disfruta-ba Jeffrey Dewayne al ver como la*

Los hermanos Hardin con la monja

monja me tiraba de la oreja y me golpeaba? Le preguntaré más tarde, cuando estemos en la cama.

Al llegar a casa, le pregunte a mamá, "¿por qué se visten las monjas de negro con la cabeza cubierta con pañuelos negros? ¿por qué te dan con la regla en la mano y te tiran de la oreja cuando se enfadan contigo?".

Nuestro hogar ya nunca será el mismo

Mamá me explicó, "las monjas son buenas mujeres. Están casadas con Jesucristo. Dan sus vidas para ayudar a lo pobres y enseñar a los niños a respetar a las personas."

Jeffrey Dewayne preguntó, "mamá, nos dijiste que Jesucristo es el hijo de Dios. ¿es hijo de la Virgen María? ¿cómo pueden casarse con Jesús? Se supone que las monjas son buenas y no te golpean ni te tiran de la oreja"

"Ellas te explicarán su matrimonio con Jesús. También te enseñarán a leer, a escribir, matemáticas, y a rezar para que te portes bien con tus padres y hermanos," respondio mamá.

En el segundo curso, Jeffrey y yo hicimos la primera comunión. Mamá estaba muy orgullosa de nosotros.

Yo estaba feliz; *ahora somos católicos de pleno derecho, podemos ser monagui-llos y probar el vino sobrante.*

Jeffrey Dewayne y Larry Ray

Del segundo al cuatro curso, Jeffrey Dewayne, Brenda Sue, Linda Lou, Debra Jean, y yo íbamos a escuelas católicas en Louisville. Sharon Geneva y Bubbie eran mas jóvenes y se quedaban en casa con mamá.

Ella nos compraba ropa en tiendas de segunda mano. No tenía mucho dinero para comprar ropa nueva y pagarnos las comidas de la escuela. También tenía que pagar las facturas del médico y comprar alubias y patatas. Papá no ganaba mucho dinero como soldador por lo que mamá tenía que comprar muchas alubias y patatas.

Todos vestían igual en las escuelas católicas. Los niños pantalón azul oscuro, camisas blancas sin mangas y zapatos negros. Las niñas faldas oscuras, blusas blancas sin mangas y zapatos negros. Las monjas y las familias ricas le daban a mamá mucha ropa usada y zapatos para que la usáramos en la escuela.

Más tarde, nos trasladamos a viviendas multifamiliares. Una vez más, me metía en problemas en la escuela la mayoría del tiempo con las monjas por pelearme con otros niños. Ellas solían darle una nota a Jeffrey Dewayne diciéndole, "asegúrate de darle esto a tu mamá cuando llegues a casa."

Después de leer la nota, ella me preguntó, "¿por qué te peleas con los niños en la escuela?"

"Cuando los niños se portan mal con mi hermano, mis hermanas o conmigo, les doy patadas y los golpeo. A veces, los niños se reían de nosotros por llevar zapatos gastados," decía yo.

Intentaba explicarle a mamá que los otros niños de la escuela se burlaban de nosotros, se reían de nosotros cuando comíamos nuestros bocadillos de patatas en el comedor.

Le dije, "mamá, tenía que pelearme con los niños de la escuela en el recreo y en la calle. Esa era la razon de que la monja me zurrara en clase."

Afuera de las viviendas

Papá me miró fijamente y me dijo, "será mejor que cuides de tus hermanos. No dejes que los maltraten. Si me entero que alguien les hace daño, te daré con el cinturón."

Después de la escuela, mi hermano, y mis hermanas volvíamos a casa sin mamá. A veces, me tenía que pelear con los chicos mayores "de la calle" que no iban a la escuela. Si no me peleaba con un chico o chica en la escuela, luego me peleaba con chicos mayores en la calle o en los callejones.

Me preguntaba; *¿entendía mamá porque los otros niños podían ser crueles, especialmente los de la escuela o los de las calles?*

Capítulo 9

¿Está muerto el bebé?

Una mañana temprano mamá me dijo, "Larry Ray, corre a casa de la Sra. Beula y dile que venga a verme cuando termine de lavar la ropa."

Corrí a la casa de al lado para decirle a la Sra. Beula lo que me dijo mamá. La puerta delantera de la casa estaba abierta, yo grité, "¿está en casa Sra. Beula?

Ella replicó, "estoy aquí en la cocina, lavando la ropa. Entra."

Entré en el salón para ir a la cocina. Vi una cuna. Luego vi muchas moscas alrededor de la cuna del bebé. Al acercarme a la cuna, vi a un bebé acostado boca abajo con los bracitos estirados a cada lado.

Miré fijamente al bebé por un momento.

Me pregunté; el color que tenía el bebé de la cuna no era normal, *¿por qué las moscas rodean al bebé?*

Noté que su color era azul oscuro. Miré hacia arriba y vi a la Sra. Beula caminar hacia mí con una sonrisa en la cara y una toalla en la mano. Ella me dijo, "Hola Larry Ray. ¿Qué dijiste de tu madre?"

Estaba al lado de la cuna, cuando la Sra. Beula miró a su bebé. Antes de poder hablarle sobre lo que mamá me dijo, ella empezó a gritar. Rápidamente cogió a su bebé, sus gritos y sollozos me asustaron, salí corriendo de la casa de la Sra. Beula mientras continuaba gritando. Vi a mamá fuera de la casa.

Ella inmediatamente preguntó, "¿qué ha pasado? ¿Algo va mal? ¿quién está gritando?" le dije que algo le había ocurrido al bebé de la Sra, Beula.

Ella dijo, "Larry Ray, quédate aquí y cuida de tus hermanos.

En minutos, una ambulancia del hospital y un coche de policía aparecieron delante de nuestras casas. Luego un policía y dos hombres de la ambulancia entraron corriendo en la casa.

Después de un rato, mamá volvió a casa.

"¿va todo bien con el bebé de la Sra. Beula?," pregunté yo.

Ella no dijo nada.

Nuestro hogar ya nunca será el mismo

Más tarde, cuando papá llegó a casa del trabajo, oí decirle que el bebé de la Sra. Beula había muerto.

Y me pregunté; ¿por qué murió el bebe?

Capítulo 10

El bingo de la noche de los viernes y los picnics de la tarde de los sabados

Papá no quería ir a la iglesia católica los domingos por la mañana. Se sentía incómodo con la religión católica. Se quedaba en casa los domingos y descansaba, mientras nosotros íbamos a misa. Sé que él creía en Dios, porque a veces de noche, después de acostarme, podía escuchar a mamá y a él rezando en su dormitorio.

Los domingos, íbamos con mamá a la iglesia. Papá se

Papá

quedaba en casa y solía ir de pesca por la tarde en alguna parte de la ciudad de Louisville o por el río Ohio. Cuando no pescaba, cocinaba para darle a mamá un descanso. Solía cocinar pollo frito o pescado, puré de patatas, maíz, judias verdes, pan de maíz, y galletas de mantequilla. A veces, tomábamos té dulce en la mesa.

Nuestro hogar ya nunca será el mismo

Papá disfrutaba de las fiestas católicas del bingo los viernes por la noche y de los picnics los sabados por la tarde. Pero no creo que le gustase cuando veía algunos de los sacerdotes bebiendo demasiada cerveza y maldiciendo a las Hermanas.

Larry Ray Hardin and Dianne DeMille, PhD

Capítulo 11

Todos gritan y lloran

Recordaba en tercer curso, a una de las Hermanas sacarnos a toda prisa de la clase para ir a la iglesia católica junto al patio del colegio. Una vez dentro de la iglesia, un sacerdote nos explicó que el Presidente Kennedy fue asesinado en Texas.

Muchas Hermanas que estaban casadas con Jesucristo empezaron a llorar y algunos de los niños mayores gritaban. Yo me preguntaba; *¿quién es el Presidente Kennedy? ¿dónde está Dallas, Texas? ¿por qué todos lloran y gritan?*

Más tarde, mamá vino a la iglesia para llevarnos a casa. En casa, me sentaba en el suelo delante de la TV en blanco y negro esperando para comer alubias y pan de maíz. En la pantalla de la TV, veía a un hombre esposado rodeados de dos policías. De repente, oí una fuerte explosión en la TV. ¡Guau! *sonó como la escopeta de papá.*

Después de la fuerte explosión, vi a un hombre esposado tocándose el estomago mientras otro hombre que llevaba un sombrero pequeño era golpeado por otros hombres.

Pregunte, "mamá, "por qué la gente de la TV agarran al hombre del sombrero? ¿qué ha pasado?"

Pensé; ¿por qué lo agarraban? *¿quizás porque tenía un pequeña pistola negra en su mano derecha?*

Mamá empezó a llorar, la miré y le pregunté de nuevo, "¿qué ha pasado en la TV mamá?"

"Jack Ruby disparó a Harry Oswald en el estómago. Oswald es el hombre que asesinó al Presidente Kennedy," respondió ella.

Capítulo 12

Tienes demasiados hijos

Después de que Sharon Geneva y más tarde Joseph Richard (Bubbie) nacieran en un hospital de Louisville, mamá dijo, "junior, ya no quiero tener más hijos."

Mamá ya tenía siete hijos. Yo era el mayor con diez años.

Mamá intentaba llevarnos a la escuela con Bubbie y Sharon Geneva de la mano. Ella quería ir con nosotros a la escuela, pero tenía que parar porque Bubbie era un bebé regordete y pesaba mucho en brazos. Sharon Geneva también era regordeta y quería que mamá la cogiera en peso igualmente.

Finalmente, mamá, católica devota, le dijo a papá que ella no podía tomar pastillas anticonceptivas. "Es pecado usar las pastillas," dijo ella. "No quiero más hijos. No puedo cuidar a más hijos," ella gritaba.

Y me preguntaba; ¿por qué no quería papá parar de procrear?

Cuando terminaba la escuela, en las vacaciones de verano, papá solía llevar a la familia a pescar casi todos los viernes por la

51

tarde a Riggs Lake. Había que pagar para pescar. Los lagos estaban en algún lugar de Jeffersontown.

Recuerdo, una vez, que el propietario de Riggs Lake no quería que papá pescara en el lago. Le dijo a papá, "vienes con demasiados niños. No puedes venir al lago a pescar con todos esos niños. Es muy peligroso que jueguen alrededor del lago, se pueden caer accidentalmente y ahogarse."

¡Guau! papá se enfadó de veras con el dueño del lago. Se le puso la cara roja como un pimiento rojo.

Papá se acercó al propietario y le dijo, "¿qué estás diciendo? ¿me estás diciendo que tengo muchos niños?" luego, papá escupió tabaco de mascar a los pies del propietario.

Este, nervioso, dijo, "de acuerdo. Dame el dinero. No me hago responsable si pasa algo."

Después de recibir el dinero, dejó pescar a papá.

Yo pensaba; ¿vio el propietario la cara roja de papá? *¿pensaba que papá iba a pegarle? quizás fue que papá escupió a su lado.*

Más tarde, vi a Bubbie cerca del bordel del lago. Intentaba coger piedras del suelo para tirarlas al agua. De repente, Bubbie se resbaló con una pequeña piedra y se cayó. Intentó levantarse pero se volvió a resbalar con las piedras. Mientras intentaba mantenerse en pie, perdió el equilibrio y empezó a rodar como una pelota de baloncesto hacia el agua.

Inesperadamente, papá, rápido como un rayo estrechó su mano derecha y cogió a Bubbie por la camisa antes de que cayese al lago. Bubbie de pie detrás suya como si hubiese atrapado un gran pez gato.

¡Guau! *papá evitó que Bubbie cayese rodando al lago.*

Bubbie dio un salto y se alejó corriendo del lago como una ardilla con el rabo entre las piernas. Una vez que Bubbie estaba ya seguro en tierra, papá alcanzó su pequeña nevera para coger una lata de cerveza Poabst Blue Ribbon. Escupió su tabaco, tiró de la anilla y dio un gran buche al estilo de su gran favorito actor John Wayne. Miró al lago por un momento, y luego continuó pescando. Mamá no tenía ni idea de lo que le había pasado a Bubbie. Estaba preparando la comida y bebidas para el almuerzo.

Pensaba; *mamá probablemente se está preguntando porqué papá está bebiendo cerveza ahora.*

Mamá abrió el maletero del coche y empezó a hacer bebidas con refrescos de frutas y a poner las patatas fritas en pequeñas bolsas para el almuerzo. También preparaba el hielo y los perritos calientes, incluso varios paquetes de golosinas. Teníamos mucha comida, podíamos estar comiendo durante dos días. Después, papá encendió un fuego para asar los perritos.

Cuando empezó a oscurecer, mamá dijo, "chicos al coche. No quiero que estéis cerca del agua cuando oscurezca."

Mientras esperabámos a papá en el coche, nos quedamos dormidos. Cuando papá terminó su última cerveza y ya no pescaba más siluros, decidió llevarnos a casa.

Cuando no íbamos a pescar las tardes de los viernes, papá solía llevarnos a ver películas de vaqueros al cine de coches en Bardstown. Después de aparcar su coche, yo solía salir del coche para jugar seguido de mis hermanos y hermanas.

Cuando la película de dibujos animados aparecía en la gran pantalla blanca, era hora de volver al coche. Mamá preparaba refrescos de frutas y perritos calientes. Después de comer, ella nos daba palomitas en bolsas de papel mientras veíamos los dibujitos.

Cuando empezaba la película de vaqueros, papá y mamá solían sentarse delante del coche mientras nosotros estábamos dentro. A veces, se sentaban en el capó del coche mientras nosotros dormíamos.

Yo me preguntaba; a mamá no le gustan las películas de vaqueros.

No creo que ellos vieran a los vaqueros pelearse unos con otros.

Larry Ray Hardin and Dianne DeMille, PhD

Capítulo 13

Le envenenaron

Un día mamá dijo, "nos mudamos de nuevo a un sitio y a una casa mejores donde no haya tantas pandillas. Es una casa con ladrillos rojos de dos plantas en la calle Washington. Pero la casa está encantada. Vais a ver y oir cosas dentro de la casa."

Brenda Sue y Linda Lou preguntaron, "¿estará allí el fantasma sin cabeza del valle?"

"No," respondió ella.

Yo me preguntaba; ¿está mamá bromeando con el viejo truco de la escoba de la cara malvada?

"La última persona que vivió en la casa de los ladrillos rojos era un anciano que se ahorcó en el dormitorio del piso de arriba. Hay un fantasma que vive en esa habitación, así que nadie va a dormir arriba," dijo mamá.

Debra Jean preguntó, "¿por qué se ahorcó un fantasma arriba?"

Jeffrey Dewayne también preguntó, "¿y por qué no se ahorcó en el piso de abajo?"

57

Entonces Brenda Sue y Linda Lou preguntaron, "mamá, ¿cómo es que el fantasma no perdió su cabeza cuando se ahorcó arriba?"

Después de mudarnos a la nueva casa, Jeffrey Dewayne y yo empezamos a oir a alguien subiendo y bajando las escaleras.

Es increíble, pensé; *la casa está encantada y vive un fantasma, espero que no sea un fantasma sin cabeza.*

Una mañana temprano, oí algo moviéndose afuera de la puerta trasera. De pie tras las cortinas, observé desde dentro de la ventana de la habitación que podía tratarse del fantasma del piso de arriba.

En su lugar, vi un pequeño fantasma corriendo hacia la puerta trasera de la casa, y grité, ¡es un fantasma!"

Abrí la puerta lentamente y eché un vistazo junto con Sharon Geneva, y con Bubbie cerca mía.

Me sorprendí al no ver un fantasma blanco sino un pequeño cachorro blanco. Lo cogí y me lo puse en los brazos, quería lamerme la cara. Lo llevé a casa.

Nuestro hogar ya nunca será el mismo

Mamá, con calma dijo, "¿dónde has encontrado a este perro tan sucio?"

"Lo encontré afuera. Es un perro macho. Mira, tiene una 'cosita' bajo el abdomen, con su larga lengua quería lamer la cara de Bubbie."

"Tiene hambre," dijo el pequeño Bubbie.

Puse al cachorro en el suelo de la cocina.

Bubbie y Sharon Geneva le cogieron y empezaron a besar en la cara al sucio perrito.

Movía la cola muy rápido, de arriba a abajo.

Brenda Sue dijo, "¿no está loco este perrito?"

Jeffrey Dewayne, Linda Lou, y Debra Jean inmediatamente empezaron a tocarlo y acariciarlo. Sharon Geneva y Bubbie dijeron, "el perrito parece una bola de nieve."

Rápidamente le pusimos Bola de nieve. Mamá se giró y volvió a la habitación. Luego, regresó y dijo, "chicas, bañad al cachorro ahora."

Por las mañanas, íbamos a la escuela mientras Bola de Nieve estaba en casa jugando con Debra Jean, Sharon Geneva, y el pequeño Bubbie. Cuando estaba fuera de la casa haciendo pipí y caca, le dije a mamá que nuestro vecino de al lado le gritó a nuestro perrito.

Mama preguntó, "¿qué hombre mayor?"

Jeffrey Dewayne dijo, "ese hombre mayor de nariz y ojos grandes con dos dientes en la boca, y sin pelo en la cabeza."

"Aseguraos que Bola de nieve no entra en el patio del vecino," dijo mamá.

Yo decía; *¿por qué el hombre tiene miedo de Bola de nieve? es solo un cachorro.*

El hombre parecía como un espantapájaros de la película el *Mago de Oz.* Cuando gritaba, Bola de nieve le enseñaba los dientes y le ladraba. A nuestro perrito nunca le gustó el hombre mayor. Sharon Geneva y Bubbie también se asustaban del hombre que no tenía casi dientes.

En mi opinión; *quizás Bola de nieve, Sharon Geneva y Bubbie pensaban algo malo del hombre mayor, ¿será el fantasma que se ahorcó en el piso de arriba?*

Nuestro hogar ya nunca será el mismo

Una noche, Bola de nieve intentó despertarme arañando mi cama, hacía un sonido como si algo le hiciera daño.

Mamá oyó los ruidos del perrito, le miró y me dijo, "Larry Ray, Bola de nieve está muy enfermo. Por la mañana, antes de ir a

Nuestra carretilla roja

la escuela, tú y Jeffrey Dewayne poned al perrito en la carretilla roja y llevadle al veterinario. Está cerca del corral de ganado."

Mamá me dio cinco dólares y la dirección del veterinario.

Jeffrey Dewayne lo acostó en la carretilla.

Después de examinarlo el doctor, dijo con tristeza, "el perrito está muy enfermo. Lo siento chicos. Sé que lo queréis y él también a vosotros. Llevad esta nota a vuestra madre."

¿Por qué está enfermo?," pregunté.

El médico dijo, "decidle a vuestra madre que lea esta nota que os doy"

"De acuerdo, aquí tenéis los cinco dólares. Mamá quiere que lo cojáis," dije.

El doctor no quiso coger los cinco dólares. Jeffrey Dewayne y yo envolvimos a Bola de nieve en su manta y lo recostamos en la carretilla roja. Mientras tiraba de ella, noté que nuestro perrito tenía problemas para respirar, parecía como si quisiera llorar. Jeffrey Dewayne y yo llegamos a casa rapidamente con él.

Mamá leyó la nota del doctor, y empezó a llorar.

"¿Qué pasa mamá? ¿es Bola de nieve?" preguntó Jeffrey Dewayne.

"El doctor dice que nuestro perrito ha sido envenenado," respondió mamá.

Mamá lo levantó de la carretilla, y lo recostó en su cama; una pequeña caja marrón con su descolorida manta azul.

"Nuestro perrito se muere. Ese malvado hombre mayor lo ha envenenado," mamá gritaba enfadada.

"¿Qué hombre mayor?" pregunté yo.

"El vecino de al lado ha envenenado a nuestro perrito," gritaba mamá. Ella rezó por Bola de nieve. Nosotros nos unimos a ella a rezar por nuestro perrito.

Nuestro hogar ya nunca será el mismo

Esa noche, oí algo a lado de mi cama que arañaba el somier. Pensé que podía ser el fantasma de arriba. Levanté la manta. Bola de nieve me miró a los ojos, lentamente se dio la vuelta y volvió a su camita; se cayó al intentar volver.

Entonces, vi a mamá mirándolo y acariciándolo. Ella comenzó a llorar. Sin hacer ruido, me levanté de la cama y fui a ver porqué estaba ella llorando. Le pregunté, "¿qué pasa mamá?"

Ella susurró, "Bola de nieve ha muerto. Ya no respira."

Esa misma mañana, papá lo envolvió en su manta favorita y lo puso en el maletero del coche. Todos en el coche estábamos llorando, cuando llevamos a nuestro perrito al bosque para enterrarlo. Cuando llegamos al bosque, yo seguía de cerca a papá mientras lo llevaba en los brazos. El colocó a nuestro perrito fantasma junto a un viejo olmo. Miré a papá. Luego, corrí de vuelta al coche donde seguíamos llorando todos por nuestro perrito.

Cuando llegamos a casa, mis hermanos, hermanas y yo salimos a llorar por lo que había hecho ese malvado hombre. Gritábamos, "mataste a Bola de nieve."

Larry Ray Hardin and Dianne DeMille, PhD

La pequeña Sharon Geneva y el pequeño Bubbie también lloraban diciendo su nombre, "Bola de nieve."

El malvado hombre nos miraba, sin decir una palabra.

Capítulo 14

Cuída de tus hermanos y hermanas

Era un buen día para mí cuando no me peleaba con los chicos mayores en el patio de la iglesia católica. Después de la escuela, de vuelta a casa rezaba para no pelearme con dos chicos de la pandilla, Ho Bo y Freddy.

Ho Bo y Freddy vivían en un viejo y deteriorado apartamento junto al ferrocarril en la calle Washington. Teníamos que pasar por el apartamento para ir y volver a la escuela.

La mayoría de las veces, cuando los veía esperándome cerca de su apartamento, solía decirles a Jeffrey Dewayne, Brenda Sue, y Linda Lou, "Cuando me empiece a pelear con los

Los chicos de la familia

chicos, corred a casa y llamar a mamá."

A veces, Brenda Sue, Linda Lou, y Debra Jean me ayudaban en la pelea con Ho Bo and Freddy, pero eran demasiado pequeños. Brenda Sue solía pelearse con las chicas mayores como una gata salvaje, gritando mientras las golpeaba en la cara, tirándoles del pelo, y dándole patadas en las piernas.

Me preguntaba; *¿fue la lejía que bebió en el valle la que la volvió loca para luchar así con las chicas?*

A los chicos de la pandilla, Ho Bo y Freddy, les gustaba pasar el tiempo en la esquina de la tienda de ultramarinos cerca de mi casa en la calle Washington. Casi todos en el barrio sabían que eran pobres y sin estudios. Algunos vecinos que vivían cerca de la tienda de ultramarinos les daban dinero y comida. Mamá y los vecinos sabían que los chicos esnifaban pegamento, gasolina de coche y pintura en spray.

Mamá no sabía que cuando me enviaba a la tienda a comprar una barra de pan, mortadela y a veces leche, me peleaba con Ho Bo y Freddy. Varias veces, cuando me golpeaban, los evitaba y corría a casa con la compra en las manos para que no robasen la comida de mamá.

Una mañana mamá dijo, "Larry Ray, llégate a la tienda y compra una barra de pan y un cuarto de mortadela. Aquí llevas un dólar."

Nuestro hogar ya nunca será el mismo

"De acuerdo mamá" respondí. Le pedí a Jeffrey Dewayne
que me acompañase.

Ni hablar, dijo. Sabes que Ho Bo y Freddy te están esperando."

Cuando me acercaba a la esquina de la tienda, vi a Ho Bo y
Freddy apoyados en la pared junto a la puerta principal de la
tienda. Lentamente me acerqué a la puerta y les miré sonriendo. Ellos
también sonrieron, mostrando sus diente amarillos. Sabía que los
chicos me estarían esperando al salir por la puerta.

Cogí la barra de pan y la mortadela de la estantería y le
pagué al cajero. Me devolvió algunas monedas, y me quedé a la
puertas de la tienda con la compra en mi mano izquierda y las
monedas en la derecha.

Y planeaba; *esta vez, no voy a pelearme con Ho Bo y
Freddy. Voy a salir corriendo por la puerta hasta casa. ¡Diablos!
si quisiese podía correr más que un pobre perro callejero asustado
y sin techo.*

Abrí la puerta principal lentamente y vi a Ho Bo y a Freddy
afuera mirándome.

Estaban preparados para cogerme tan pronto pusiese un pie en la acera.

Y pensé; *esta vez no, no me apetece pelearme hoy. Llevo la compra de mamá.*

Salí de la tienda y les miré a a la cara. Antes de que me cojiesen, les tiré a la cara las monedas. Luego, inmediatamente hice movimientos con la barra de pan y la mortadela golpeándoles en la cara de nuevo.

¡Guau! corría más que un perro callejero detrás del coche viejo de papá. Rápidamente, miré hacia atrás para ver a qué distancia estaban. Vi sus ojos rojos y sus manos intentando alcanzarme. De repente, empecé a correr a más velocidad, más rápido que Superman volando desde la tierra a la luna.

Cuando llegué a casa, mamá me preguntó, "Larry Ray, ¿te ha sobrado algo de la compra?"

"Sí mamá. Les di la vuelta a Ho Bo y a Freddy," contesté.

"Muy amable por tu parte," dijo ella.

Nuestro hogar ya nunca será el mismo

Varios días después, Linda Lou y yo volvíamos desde la tienda de la esquina. Llevaba un pequeña caja con comida, una barra de pan, un cuarto de mortadela y un litro de leche.

Me acompañaba Linda Lou, y no me quería encontrar con Ho Bo y Freddy en la calle.

Decidí que sería más seguro coger un atajo por el callejón detrás de nuestra casa. De repente, Ho Bo saltó justo delante nuestra con un cuchillo en la mano derecha y una sonrisa en su cara. Nos apuntaba con el cuchillo.

De inmediato pensé: *¿dónde está Freddy?*

Rápidamente le di a Linda Lou la leche, el pan de la caja y saqué la mortadela. Le hice frente a Ho Bo con la caja de la compra vacía.

Ho Bo pinchó la caja con el cuchillo para alejarla de él.

Tuvimos suerte Linda Lou y yo al quedarse atascada la hoja del cuchillo en la caja. Salimos corriendo a casa. No quería pelearme con Ho Bo llevando un cuchillo en la mano, y en especial al ir con mi hermana.

Larry Ray Hardin and Dianne DeMille, PhD

Capítulo 15

El valor del dinero

Un caluroso día de verano, papá, Jeffrey Dewayne, y yo fuimos a visitar al abuelo y a la abuela Hardin a su granja en la carretera de Big Plum Creek, en Taylorsville. Recordaba a papá conduciendo rápido en la carretera de tierra hacia la granja de los abuelos. Yo iba sentado en el asiento del copiloto junto a la puerta y Jeffrey Dewayne entre papá y yo.

De repente, accidentalmente abrí la puerta y casi me caigo del coche. Cogí la manija con ambas manos cuando se abría la puerta.

Papá gritó, "¡agarra la manija! ¡agárrala fuerte!"

Arrastraba los pies por el camino de tierra. Tenía mucho miedo de soltar la manija de la puerta.

Esperé y pensé; ¿por qué papá no paró el coche?

Papá rápidamente agarró a Jeffrey Dewayne por el brazo izquierdo para evitar que pudiese salir del coche. Papá finalmente paró el coche. Solté la manija y caí golpeando la tierra.

"¿Estáis bien chicos? no quise parar el coche porque ambos podíais haber golpeado la cabeza con el suelo. Podríais haber caído debajo del coche," dijo papá.

Jeffrey Dewayne y yo nos miramos y reímos. "estamos bien, papá," dijo Jeffrey Dewayne.

Me levanté, y me limpié el polvo del estomago y la cara. Luego volví al coche. Le dije a Jeffrey Dewayne, "mueve el culo hacia papá y déjame más sitio para sentarme."

En la granja, tía Betty Jane, le preguntó a papá " ¿quieren Larry Ray y Winnie (el apodo de Jeffrey Dewayne) ganar algo de dinero cortando malas hierbas en la plantación de tabaco de RT Jenny? RT Jenny está buscando personal extra para trabajar en su plantación. Yo puedo cuidar de Larry Ray y Winnie, me aseguraré que no pasan mucho calor y que toman mucha agua," dijo tía Betty Jane.

Jeffrey Dewayne y yo estábamos entusiasmados de poder trabajar y que nos pagaran por ello.

Papá dijo, "No, Jeffrey Dewayne es demasiado pequeño para trabajar."

Nuestro hogar ya nunca será el mismo

El me preguntó, "Larry Ray, ¿quieres trabajar con Betty Jane?"

"Sí papá," contesté.

¡Guau! Mi primer trabajo ganando dinero. Iba a cortar las malas hierbas en la plantación de tabaco de RT Jenny.

RT era un granjero local que cultivaba tabaco, ordeñaba vacas, y criaba cochinos. El y su esposa, la señora. Nancy Jenny, eran propietarios de una pequeña tienda de alimentación en el vecindario de la carretera de Big Plum Creek. Eran mayores y no tenían hijos. La señora Jenny cuidaba a su papá, el Sr. Thomas.

Por la mañana temprano en la granja de RT, tía Betty Jane y yo empezábamos a cortar malas hierbas con una azada de jardín en la plantación junto al arroyo y la pocilga. Era mediados de Julio y el tiempo era caluroso y húmedo. La caca de los cerdos olía fatal.

A última hora de la mañana antes de almorzar, tía Betty Jane miraba mi cara roja y decía, "Larry Ray, vete ahora mismo hacia allá y siéntate bajo ese olmo junto al arroyo. Yo continuaré cortando las hierbas. Dentro de un rato almorzaremos en la tienda de RT."

Larry Ray Hardin and Dianne DeMille, PhD

Creo que tía Betty Jane sabía que yo tenía mucho calor por el sol y la humedad.

Me senté bajo el olmo y bebí agua de un cubo. Hacía también mucho calor bajo el árbol, pero me recosté sobre el tronco pensando cuánto dinero iba a ganar ese día.

Cerré los ojos. De repente, soñaba con los refrescos Big Red y las bolsas de cacahuetes salados que me podría comprar.

Recordaba cuando papá y yo parábamos en la tienda de comestibles de RT, él me compró un refresco de Big Red. Luego, entraron dos jóvenes en la tienda. Les vi poner cacahuetes en sus refrescos, y así yo también empecé a poner cacahuetes en mi refresco de Big Red, y luego sacudía la botella con mis manos.

Oí gritar a tía Betty Jane, "Larry Ray, ¿estás durmiendo? Vamos a almorzar a la tienda de RT. Comeremos bocadillos de mortadela y queso."

En la tienda, RT cogió dos trozos de pan blanco, una rodaja de queso, con un poco de mayonesa, y me preparó un bocadillo con mortadela tradicional. Me sonrió y me dijo, "¿qué quieres beber?"

Rápidamante respondí, "un refresco de Big Red y un bolsa de cacahuetes salados."

Teníamos 30 minutos para comer y relajarnos. Despúes de comer, tía Betty Jane y yo, volvimos a la plantación de tabaco.

Al final del día, volvíamos a la tienda de RT para que nos pagara. Papá ya estaba en la tienda para recogerme. RT pagaba a tía Betty Jane, luego la Sra. Nancy Jenny me decía, "¿quieres tus cinco dólares Larry Ray?"

Yo, educadamente, respondí, "sí, Sra. Jenny."

"De acuerdo, si quieres los cinco dólares ven para acá y dame un fuerte beso," dijo la Sra. Jenny.

Rápidamente miré a RT y a papá para ver si era correcto besar a una mujer.

Imaginaba; *¿en qué parte de la cara beso a la Sra. Jenny para que me de el dinero, la única mujer que he besado en la cara ha sido a mamá.*

Lentamente fui hacia ella, podía ver el dinero en la mano

derecha de la Sra. Jenny. Me miró con una gran sonrisa en la cara. De repente, me agarró y me abrazó como si fuese su propio hijo. Entonces, le di un rápido beso en la mejilla.

RT y la Sra. Jenny en la tienda

La Sra. Jenny rio y me dio el dinero que tenía en su mano. Después de cogerlo, salí corriendo de la tienda como un perro sabueso tras el gato gris de la Sra. Jenny.

Pienso que; *corté malas hierbas y besé a la Sra. Jenny por cinco dólares. Eso es mucho dinero, la besaré de nuevo para que me vuelva a dar cinco dólares.*

Las hermanas y hermanos de papá tenían apodos; a Jeffrey Dewayne, le llamaban "Winnie," a Brenda Sue "Squeaky," y a Linda Lou "Blondie o Lou Lou."

Papá llamaba a Debra Jean (DD), a Sharon Geneva (Nivea), a Richard (Bubbie), y a James Daniel (Daniel o Doodle Bug).

Nuestro hogar ya nunca será el mismo

Cuando el pequeño Doodle Bug tenía cuatro años, mamá le compró un sombrero de mapache que tenía una cola de 30 centímetros de larga. Ella quería que Daniel tuviese un sombrero de mapache porque le encantaba ver todas las noches la serie de TV de Daniel Boone.

Daniel se ponía el sombrero delante de la TV cuando veía Daniel Boone y Davy Crockett. También lo llevaba cuando comía y jugaba fuera de casa. A veces, lo llevaba puesto hasta en la cama. Nosotros le empezamos a llamarle "Daniel Boone," menos papá y mamá. Ellos le llamaban Daniel o Doodle Bug.

Cuando mamá se enfadaba conmigo, ella me llamaba, "Lawrence Raymond."

Yo le preguntaba; "¿por qué Lawrence Raymond?"

"Es el nombre de tu santo," respondió ella.

Larry Ray Hardin and Dianne DeMille, PhD

Capítulo 16

Cinco dólares en mi bolsillo

Tenía cinco dólares en mi bolsillo delantero. Sentía que podía comprar todo lo que quisiese, incluyendo muchos refrescos de Big Red y bolsas de cacahuetes salados.

Mis hermanos y hermanas querían tocar el billete de cinco dólares pero yo tenía miedo que lo partieran.

Mamá preguntó, "Larry Ray, ¿qué vas a hacer con el billete de cinco dólares? ¿quieres guardarlo para ahorrar?"

No dije nada.

Un poco después, papá me llevó a la tienda de ropas de Crazy Red en Mount Washington. Una vez en la tienda, no encontré ni mi refresco favorito ni los cacahuetes. Miré a mi papá.

Me pregunté; ¿por qué me ha traido papá a este sitio?

Noté que papá tenía algunas ropas en su mano, hablaba con Crazy Red, el propietario. De repente, papá me dijo, "ven para acá Larry Ray. Quiero que cojas los pantalones vaqueros azules y la camisa marrón de manga corta. Ve a pagarle a Crazy Red, te está esperando."

Fui hasta la caja con la ropa.

Crazy Red preguntó, "bien, ¿vas a pagar el pantalón y la camisa? o te vas a quedar ahí como si fueras un vagabundo"

Dije inmediantamente, "¿qué? ¿pagar los pantalones y la camisa?"

Pensé; *este hombre está de broma. Papá lo va a pagar.*

Rápidamente miré a papá. Entonces, me di cuenta que los pantalones y la camisa no eran para Jeffrey Dewayne sino para mí. Crazy Red no estaba de bromas, el quería mis cinco dólares.

A mi modo de ver; ¿por qué tenía yo que pagar por los pantalones y la camisa y no papá?

El dueño de la tienda, Crazy Red, esperaba detrás del mostrador que yo pagara la ropa. Eché mano a mi bolsillo derecho y lentamente saqué el billete de cinco dólares y se lo di.

Me preguntaba; *¿por qué la gente de Mount Washington le llaman Crazy Red? ¿quizás por su larga barba rojiza y el descuidado pelo largo?*

Nuestro hogar ya nunca será el mismo

Crazy Red puso los pantalones y la camisa en una bolsa de papel marrón y me devolvió algunas monedas. Me eché las monedas al bolsillo sin contarlas.

No me podía creer que papá no pagase los pantalones y la camisa.

Pensé tristemente; *¿y mi billete de cinco dólares? trabajé mucho cortando hierbas a pleno sol y oliendo esa asquerosa pocilga por cinco dólares. Incluso tuve que besar en la mejilla a la Sra. Jenny para cobrar mi dinero ganado con tanto esfuerzo. Se suponía que papá y mamá tenían que pagar mi ropa, no yo.*

Después de salir de la tienda de Crazy Red, papá paró en una pequeña tienda de comestibles para comprar una cerveza Pabst Blue Ribbon y cebos de pesca (gusanos rojos). El me dijo "¿quieres entrar a comprar algo?"

Dije con tristeza, "de acuerdo papá."

Una vez en la tienda, vi refrescos de Big Red y bolsas de cacahuetes. Le pregunté al dependinte, "¿qué cuesta el refresco y los cacahuetes?"

"Un refresco pequeño cuesta cinco céntimos y una bolsa pequeña dos céntimos," dijo el dependiente.

Lentamente conté las monedas. *¡guau! tenía suficiente dinero para comprarme tres refrescos de Big Red y tres bolsitas de cacahuetes, así que compré refrescos y cacahuetes para Jeffrey Dewayne, para el pequeño Bubbie y para mí ¡ fue fantástico!*

Nunca olvidaré lo mucho que trabajaba tía Betty Jane cortando hierbas los calurosos y húmedos días de verano en la plantación. Cuando yo tenía calor, me dejaba que me sentase a la sombra de un árbol y bebiese mucha agua. La tía Betty Jane continuaba trabajando sola.

Pensaba; *no gané cinco dólares, tía Betty Jane los ganó por mí. Ella trabajó para ambos cortando hierbas.*

A los 8 años, aprendí el valor del trabajo duro para ganar dinero.

Capítulo 17

Una comida al día

Un día mamá nos dijo, "mi papá fue a la prisión del estado de Kentucky durante casi cinco años por fabricar alcohol ilegal (whisky casero). Durante la Depresión, papá no pudo encontrar trabajo. Los contrabandistas le ofrecieron trabajo fabricando whisky ilegal dentro de un cueva en alguna parte de Boston, en Kentucky. Más tarde, fue arrestado por los funcionarios policiales de delitos fiscales por no tener licencia para fabricar whisky.

"Mientras papá estaba en prisión, mamá dejaba a sus hermanas, hermanos y a mí solos en casa durante días mientras buscaba dinero extra para pagar la renta y comprar comida."

"Al salir de prisión, papá volvió a casa y mamá finalmente se quedó en casa. Una vez que papá y mamá estaban en casa, no pudieron encontrar trabajo para pagar la renta y comprar comida," dijo mamá.

"Eventualmente, papá salía de casa para buscar trabajo en otros pueblos y ciudades. Pronto mamá nos dejó solo también.

Cuando estaban fuera de casa buscando trabajo, yo cuidaba a mis hermanos y hermanas," decía mamá.

"Pasaban días sin saber nada de ellos; sin saber si estaban vivos. A veces, pasábamos de comer tres veces al día a no tener qué comer. Mis hermanos y hermanas lloraban porque se iban a la cama hambrientos. Con suerte, podíamos comer una vez al día solo con pan y salsa de carne. En una ocasión, recibimos algo de comida, ropa usada, y zapatos de la iglesia católica," contaba mamá.

"Eramos tan pobres que solíamos mudarnos a menudo de un alquiler a otro por todo el Condado de Nelson porque papá y mamá no pagaban la renta," nos decía mamá.

"¿Cuántos años tenías mamá?" preguntó Linda Lou.

"Trece años," respondió. "Cuando estábamos en casa solos, asustados, hambrientos y con frío por la noche, rezábamos el Padre nuestro," decía mamá.

Mamá con 13 años

Nuestro hogar ya nunca será el mismo

Después de morir mamá, mis hermanas y mi prima Dianne Smith me ayudaron a hacer una lista con los nombres de las hermanas y hermanos de mamá. Sé por mis hermanas que mamá y sus hermanos y hermanas nacieron alrededor de New Haven y Bardstown, en Kentucky.

Mamá fue la segunda de diez hijos. Su hermano mayor Joseph Earl se marchó de Kentucky y ya nunca más oímos nada de él. Esta es la lista con los nombres de la familia de mamá: Joseph Earl, paradero desconocido, mamá (Elizabeth Gertrude; apodada (Betty y Sissy) que falleció a los 80 años, Mary, Charles fallecido a los 68, Joe a los 67 años, Dorothy, Ernie a los 66 años, Mary Margaret, Judy, Herman (apodado Andy), y Billy fallecido a los 61.

Larry Ray Hardin and Dianne DeMille, PhD

Capítulo 18

El mulo negro llamado Jack

Un rato después, le pregunté a papá, "¿qué edad tenías cuando empezaste a trabajar en la granja?"

"Seis años," respondió. "Mamá, Susan, el pequeño JT, y yo nos situábamos detrás de papá moviendo piedras y raíces rotas de los árboles que caían al suelo cuando el viejo Jack araba la tierra," explicaba papá.

"¿Quién era el viejo Jack? ¿era tu hermano?" preguntó Jeffrey Dewayne.

Papa dijo, "papá (el abuelo Hardin) usaba un mulo negro llamado Jack para arar los campos de maíz y tabaco."

El viejo mulo arando

"Papá, ¿por qué le llamó el abuelo al mulo Jack?" pregunté.

"Porque era macho," respondió.

"¿Te dio el abuelo algún azote si no querías ir tras Jack?" preguntó Jeffrey Dewayne.

"Papá nos daba azotes a Susan y a mí con un palo si no quitábamos las piedras y las raíces de los campos. Mamá nunca nos daba azotes," dijo.

"El viejo Jack trabajaba de sol a sol, arando la tierra para que nosotros pudiéramos plantar el tabaco y la semillas de maíz. Cuando el sol desaparecía al atardecer tras los arces y las colinas, las enormes orejas de Jack permanecían erguidas," decía papá.

"Cuando papá veía que las grandes orejas de Jack estaban totalmente erguidas, sabía que era hora de volver al granero," explicaba papá.

"Al final del día, el viejo mulo negro quería irse a su establo para beber mucha agua, comer mucho maíz y descansar. Creo que el viejo Jack estaba cansado, hambriento y sediento de arar la tierra durante el día. El viejo mulo necesitaba descansar para estar preparado para arar la tierra al día siguiente," decía papá.

"Después papá y el abuelo llevaban lentamente a Jack de vuelta al granero. La abuela, Susan, y el pequeño JT iban a casa para preparar la estufa de leña para empezar a hacer la cena"

Nuestro hogar ya nunca será el mismo

"Una vez en el establo" explicaba papá, "mi trabajo era coger agua del estanque y maíz para el viejo Jack. Antes de terminar de preparar a Jack para pasar la noche, solía ver a papá salir del granero y perderse en la oscuridad con su linterna en la mano."

"Más tarde, mamá disponía de más chicos para ayudar en la granja. Mis otros hermanos JT, David, Joe Lewis, y Ronald Lee trabajaban en los campos y ayudaban a ordeñar las vacas a primera hora de la mañana y de la tarde," decía papá.

Papá decía, "si mis hermanas Susan, Ruby, Betty Jane, Nannie, Sara Lee, y Mary Elizabeth no estaban trabajando en los campos con nosotros, estaban en casa con mamá cogiendo agua del pozo para limpiar la casa, lavar la ropa a mano y, cocinar, para bañarnos y para beber."

"Mi padre no tenía mucho dinero para pagarle a alguien para trabajar en la granja. Sin ayuda, necesitaba a mamá, a mis hermanos, hermanas, y a mí para trabajar en los campos de maíz y tabaco."

"Tenía 14 años cuando empecé a trabajar en el campo con un mulo o un caballo," decía papá.

"¿Es un mulo diferente a un pony o a un burro?" preguntó Jeffrey Dewayne.

Papa intentaba explicar y decía, "bien, un mulo nace de una yegua y el burro es el papá del mulo. Los múscu-los del mulo son más grandes que los de un caballo. Yo seguía al mulo que tiraba del arado por la tierra. El arado

Papá

estaba enganchado al mulo con cadenas. Y yo, lentamente iba detrás suya sosteniendo con mis manos fuertemente las correas de piel de vacuno."

"¿Por qué llevabas las correas en las manos?" preguntaba Jeffrey Dewayne.

"Quería controlar al mulo para asegurarme que iba en linea recta en la tierra arada," respondía papá.

Papá trabajó la mayor parte de su vida como granjero en Taylorsville y después como soldador en Louisville.

Capítulo 19

Mascando tabaco con cinco años

Yo me preguntaba; ¿por qué disfrutaba papá tanto mascando y escupiendo tabaco? ¿quizás sabía como el caramelo dulce*?*

Papá explicaba, "después de ver a papá mascando y escupiendo tabaco, JT y yo quisimos empezar a mascar. Tenía yo cinco años cuando empecé a mascar tabaco y JT tres. No veía a mis hermanos ni hermanas haciéndolo, pero no me hubiese sorprendido"

Papá estaba seguro que abuela masticaba tabaco, pero nunca la vio escupir en el suelo, ni en la estufa de madera o el cubo.

Un día Jeffrey Dewayne y yo miramos a papá y le dijimos, "papá, ¿podemos mascar ese tabaco?"

"Venid aquí, coged un trozo del mío," nos dijo.

Jeffrey Dewayne se puso un poco de tabaco en la boca. Pero lo escupió al suelo rápidamente, "no quiero más," respondió.

Yo dije, "No, no quiero ahora. Lo probaré después."

Larry Ray Hardin and Dianne DeMille, PhD

Capítulo 20

Diecisiete niños nacidos en casa

Un día mamá nos contó cómo abuela Hardin dio a luz a diecisiete niños en la casa de la granja. Ella decía, "vuestra abuela tuvo cinco bebés que murieron en casa durante el parto."

"Un pequeñín murió al caerle encima un mueble de la cocina. A los cinco años, Jimmy, el pequeño hermano de vuestro padre se subió a un mueble grande. Intentaba coger un pastel de manzana casero cuando el mueble se le vino encima," dijo mamá.

"La abuela no sabía que el pequeño Jimmy tenía una

La abuela recogiendo flores de Pascua

hemorragia interna. A los pocos días, murió en casa. El doctor Skaggs examinó el cuerpo del pequeño Jimmy en casa. Determinó que la causa del fallecimiento fue por la hemorragia. Al siguiente día, las hermanas de vuestro padre colocaron al pequeño Jimmy en una cama de pluma en la sala de estar hasta el día siguiente," nos dijo mamá.

El abuelo enterró a su pequeño en el cementerio bautista de Elk Creek en Taylorsville, Kentucky donde sus hermanos y hermanas que fallecieron en el parto también fueron enterrados.

"¿Por qué abuela tuvo tantos niños?" preguntó Brenda Sue.

"Los padres de vuestro padre eran gente bautista del sur. No había píldoras anticonceptivas por aquel entonces. De todas formas, vuestra abuela no sabía para qué se usaban. Y el abuelo creía en tener muchos niños para que ayudasen en la granja," decia mamá.

Abuelo y abuela Hardin

Mamá nos dijo, "los hermanos y hermanas de vuestro padre estudiaron hasta segundo curso en la escuela, excepto Mary Elizabeth."

"¿Por qué papá dejo de ir a la escuela?" preguntó Debra Jean.

Nuestro hogar ya nunca será el mismo

"Vuestro padre no pudo ir a la escuela porque su padre le necesitaba a él y a sus hermanos para que trabajasen en los campos de maíz y tabaco. También tenían muchas vacas que ordeñar. La abuela necesitaba a las hermanas de vuestro padre para que ayudasen en casa. Mary Elizabeth sí que se graduó en el instituto de Taylorsville."

Yo pensaba; *papá cursó hasta segundo grado. No pudo continuar en la escuela porque tenía que trabajar en la granja con seis años de edad. No sabía ni leer ni escribir. Pero hacía sus cálculos de matemáticas y sus acertijos, y raramente perdía a las damas.*

Después, con la ayuda de Brenda Sue, Debra Jean, Sharon

La abuela jugando con los nietos

Geneva, y la prima Mary Bell Warner buscando en la Biblia familiar de la abuela, puede hacer un listado con los diecisiete hijos de la abuela.

Los hijos de abuela nacidos en la casa de la granja fueron Ray Hardin Junior (papá, fallecido a los 86), Susan Ellen (fallecida a los 72), JT (a los 84), Ruby, David, William (fallecido al nacer), Harold (fallecido al nacer), Anna Lee (fallecida al nacer), Joe Luis (fallecido a los 56), Betty Jane, Nannie, Sara Lee (fallecida a los 50), Earnest (fallecido al nacer), Ronald Lee (fallecido a los 53), Mary Elizabeth (fallecida a los 59), Jimmy (fallecido en casa con 5 años), and Hazel (fallecido al nacer).

Capítulo 21

Olor a caca de vaca y sabor a leche caliente

Durante las vacaciones de verano de la escuela, Jeffrey Dewayne y yo ayudábamos al abuelo Hardin a ordeñar las vacas y a sacar la caca verde del granero todos los días mañana y tarde; los siete días a la semana.

Con ocho años, yo llevaba cubos llenos de leche a un contenedor grande que mantenía la leche fresca. Después de

La casa de los Hardin

que el abuelo y tío JT terminasen de ordeñar las vacas, yo recogía con una pala la caca del suelo y limpiaba la que salpicaba en las paredes. Jeffrey Dewayne, con siete años, me ayudaba con los cubos a limpiar la caca.

Rápidamente supe que a las vacas les encantaba hacer caca mientras el abuelo tiraba de sus grandes ubres. Una vez que el abuelo cogía las ubres de una de las vacas, daba un tirón, y las apretaban dirigiéndolas a Jeffrey Dewayne y a mí. El abuelo

apuntaba a nuestras bocas.

¡Guau! el abuelo nos chorreaba con leche caliente a Jeffrey

Dewayne y a mí. Jeffrey Dewayne estaba entusiasmado y decía,

"está caliente y sabe bien."

Jeffrey Dewayne y yo estábamos cubiertos de leche caliente y de caca de vaca desde arriba a abajo. ¡Qué diablos! teníamos leche caliente y caca hasta en los ojos y a veces hasta en la boca. Creo que a día de hoy, me gusta cómo huele la caca de vaca húmeda y el sabor de la leche caliente.

Los abuelos trabajando en los campos

Despúes de limpiar la leche del granero, Jeffrey Dewayne y

yo corríamos a casa para desayunar. Nos encantaba las salchichas,

la salsa con harina y las galletas de manteca de cerdo, y el bacon

que la abuela nos cocinaba cada mañana en la estufa de madera.

Nuestro hogar ya nunca será el mismo

No nos gustaba recoger la caca con las palas pero nos encantaba las galletas marrones de la abuela.

Después, cuando Jeffrey Dewayne y yo volvíamos ya entrada la noche de cazar mapaches con el abuelo y tío Ronald, cogíamos las galletas de la mesa de la cocina y le untábamos mermelada de mora. ¡Guau! sabían de maravilla con un vaso de leche fresca.

Recuerdo una tarde cuando abuelo y abuela mataban unos pollos en una pila de madera junto al gallinero y cerca del maloliente retrere exterior. La abuela quería hacer pollo frito para cenar. Jeffrey Dewayne y yo veíamos al abuelo coger las viejas gallinas que ya no ponían huevos. Les arrancaba la cabeza y empezaban a correr en diferentes direcciones hasta que finalmente caían al suelo.

Cuando abuela les quitaba las plumas a las gallinas ya descabezadas, el abuelo gritaba, "chicos recoged las cabezas y echarlas detrás del retrete; no detrás del gallinero."

Jeffrey Dewayne recogió una cabeza, luego me miró y me preguntó, "¿vas a recoger las cabezas?"

Miré al abuelo y dije, "ni hablar."

Me di la vuelta y empecé a correr hacia tío Ronald. Decidí que tío Ronald me llevara sobre sus espaldas.

¡Guau! mientras me intentaba subir a su espalda, algo duro me golpeó en mi culo. Miré al suelo y vi una cabeza de gallina, entonces vi al abuelo, que tenía otra cabeza preparada en su mano, para lanzármela.

No me gustaba recoger las cabezas de las gallinas.

Un poco después, vi al tío JT junto al pozo sacando agua en un cubo para beber. De repente, escupió tabaco de mascar cerca del pozo de agua y casi salpicó al cubo de agua.

Pensé; casi escupe dentro del cubo.

Fui hacia él y le dije "tío JT, dame un poco de tabaco del que tienes en el bolsillo de la camisa, no de tu boca."

Antes de que pudiese decirle algo, me escupió su tabaco en mi ojo derecho.

¡Guau! el tabaco me quemó el globo ocular.

Miré hacia arriba para ver al tío JT con mi ojo izquierdo, el reía como un viejo mapache de pelo gris.

Nuestro hogar ya nunca será el mismo

Gritaba yo, "me arde el globo ocular."

Y me dijo, "échate agua, te hará bien."

Yo pensaba: *¿dónde está Jeffrey Dewayne? estaba a mi lado cuando el tío JR me escupió en el ojo.Creo que cuando grité, salió corriendo.*

Por lo que a mí respecta; *aprendí que el abuelo me podía tirar un cabeza de pollo como si fuera una flecha y tío JT podía escupirme en el ojo derecho sin malgastar tabaco de mascar. ¿qué más podía pasar?*

Larry Ray Hardin and Dianne DeMille, PhD

Capítulo 22

¿Me va a hacer daño?

Un día estaba solo subiendo a un manzano cuando una chica mayor me gritó, "ven aquí a jugar conmigo."

Pensé; m*is hermanos y hermanas están en la casa, ¿por qué no ir a jugar con ella?*

Corrí hacia ella, me cogió de la mano y me dijo, "sígueme. ¿Cúantos años tienes?" me preguntó.

"Tengo casi diez años." Y yo le pregunté y tú ¿qué edad tienes?"

Casi quince años, respondió."

"Oye, ¿dónde vamos?" le pregunté.

Ella me dijo, "quiero enseñarte algo. Está en la buhardilla."

Supuse; *me va a dar algo, quizás un pelota o una gorra de béisbol.*

Un vez que ambos subimos por la escalera a la buhardilla, ella me dijo, "túmbate en el suelo."

"¿Por qué quieres que me tumbe en el suelo?"

No tuve miedo hasta que se levantó el vestido.

¡Guau! no llevaba bragas. Pensé, ¡qué desagradable! ¿por qué no llevaba puesta las bragas?

"¡Oye! ¿qué vas a hacer?" le pregunté.

Allí estaba yo mientras ella intentaba bajarme los pantalones hasta las rodillas. Sentí que no estaba bien que me bajase los pantalones. Luego me tocó la 'colita.'

Y me preguntaba; ¿por qué no la golpeé en la boca o el estómago cuando me la tocó*?' quizás ella me habría golpeado en la boca también.*

Ella continuaba intentándolo en la buhardilla. Antes de poder levantarme para poder golpearle, ya tenía mi 'colita' entre sus piernas. De repente, su cara se puso roja y rara como la malvada cara de la escoba. Empezó a hacer ruidos extraños como un fantasma sin cabeza gritando.

Pensé; *¿me va a hacer daño esta niña loca ¿es el demonio?*

De repente, oí movimientos en la parte de abajo. Ella me susurró, "no digas ni una palabra."

A los pocos minutos, ella susurró de nuevo, "ya se ha ido. Vámonos."

Pensé; *¿cómo sabía que había un hombre abajo? ¿la*

buscaba? ¿le hizo esto a alguien en la buhardilla antes que a mí?

Rápidamente bajamos por la escalera. Ella se marchó a

casa sin decir que lo sentía. Yo me marché a casa confundido por

lo que había pasado. Decidí no contarle a mamá lo que había

pasado con la chica.

Y seguía pensando; *quizás debería contarle a mamá que vi*

una chica mayor en el vecindario que no llevaba bragas.

Varios años después, le dije a mamá lo que me sucedió con

esa chica en la buhardilla. Mamá gritó, "Oh ¡Dios mío! Larry Ray,

¿abusó de tí?"

"¿Cómo que abusó? No, no lo hizo." respondí.

Larry Ray Hardin and Dianne DeMille, PhD

Capítulo 23

Pude haber matado al chico

Un día Jeffrey Dewayne y yo estabámos en el patio trasero jugando a la pelota con nuestras hermanas. Jeffrey lanzó por accidente la pelota a la casa del vecino de al lado. El corrió a cogerla y yo le seguí.

La pelota se paró justamente bajo un pequeña ventana. Yo le dije, "mira. La ventana está abierta. No hay ni siquiera cortinas."

Le dije a Jeffrey Dewayne, "¿crees que hay alguien en la casa?"

"¿Por qué?" pregunto él.

Le dije a Jeffrey Dewayne que se quedara afuera y vigilara por si alguien me veía entrar por la pequeña ventana.

Susurró, "¿qué pasa con las hermanas y el pequeño Bubbie? nos están mirando."

"Si se chivan, les golpearé," respondí.

Entré por la ventana del baño sin problemas.

Me dije; *ésta es la primera vez que entro por la fuerza en casa de alguien. Es tan fácil como robarle caramelos al pequeño Bubbie.*

Una vez que toqué el suelo, vi el aseo, me di cuenta que estaba en el cuarto de baño. Me sentía raro al estar en una casa sin saber los dueños que yo estaba allí. Abrí el botiquín y cogí unas tijeras y las puse en mi bolsillo delantero. *¿por qué cogí unas tijeras? no tengo ni idea.*

La puerta del cuarto de baño estaba abierta. Lentamente, caminé de puntillas hasta la sala de estar. De repente, vi un hombre tumbado en el sofá, durmiendo vestido. Paré y le miré a la cara por un instante.

Pensé; *ese hombre duerme como un bebé. Le podría coger la cartera si quisiese, quizás la próxima vez.*

Luego, entré en la cocina y abrí el frigorífico. No había mucha comida pero sí muchas botellas de cerveza. Cogí un paquete de mortadela, aunque no era la tradicional. Sin hacer ruido, cerré la puerta, pasé junto al hombre que dormía en el sofá, entré en el cuarto de baño y salté por la ventana.

Nuestro hogar ya nunca será el mismo

"¿Qué has cogido?" preguntó Jeffrey Dewayne.

"Mira lo que tengo en el bolsillo," le contesté.

Nos comimos la mortadela y le dimos algo a un perro del vecindario que nos estaba mirando.

Pregunté, "¿dónde está el pequeño Bubbie y nuestras hermanas?"

"Cuando te vieron entrar por la ventana, corrieron a casa excepto el pequeño Bubbie. El estaba detrás de un árbol echando un vistazo," respondió.

Me preguntaba; *¿por qué era tan fácil robarle a alguien?*

Cuando llegamos a casa, mamá preguntó, "¿entraste por la ventana del vecino? ¿de dónde has cogido las tijeras?"

"Me las he encontrado," respondí.

Jeffrey Dewayne inmediatamente susurró,"yo no he dicho nada, quizás ha sido el pequeño Bubbie."

Luego alguien llamó a nuestra puerta. Mamá abrió y un hombre dijo, "señora, necesito hablar con usted y con su marido."

Mamá respondió, "papá volverá del trabajo pronto."

Miré a Jeffrey Dewayne y le susurré, "el hombre que dormía en el sofa está hablando con mamá."

Jeffrey Dewayne salió corriendo hacia la cocina como un pollo sin cabeza.

El hombre me miró y luego apuntando con sus dedos dijo, "vivo en la casa de al lado, su hijo ha entrado sin permiso en mi casa."

Mama preguntó, "¿quién ha entrado en la casa?"

El hombre caminó hacia mí y me señaló con su dedo en la cara, casi golpeándome el ojo.

El estaba enfadado, "este chico entró por la ventana de mi cuarto de baño y cogió unas tijeras. Pensó que estaba dormido en el sofá cuando fue hacia el frigorífico y cogió mi mortadela."

"¿Está seguro que fue Larry Ray?" le preguntó mamá. Mamá dijo con tristeza, "mi marido irá a verle cuando vuelva del trabajo. Siento que Larry Ray haya entrado por la fuerza en su casa."

Cuando el hombre se marchó, mamá lloró y gritó, "Lawrence Raymond, ¿cómo has podido entrar en la casa del

vecino? ¿por qué has hecho eso? eres un buen chico, no lo
entiendo"

Me sentía avergonzado y le dije a mamá, "lo siento."

"Dile a tu padre cuando llegue del trabajo lo que has
hecho," dijo ella.

Tan pronto papá entró en la casa, mamá le explicó lo que
había pasado en la casa del vecino. Ella dijo, "Larry Ray cogió
estas tijeras, la mortadela se la comió y le dio el resto a un perro."

Papa gritó, "Larry Ray, ¡ ven aquí!"

Me cogió por el brazo y rápidamente fuimos a ver al vecino
a su casa. Papá no me dijo nada hasta que llamó a la puerta del
vecino. El hombre abrió la puerta.

Papá dijo, "mi esposa me ha dicho que mi hijo entró por la
fuerza en su casa."

El hombre dijo, "trabajo de noche como vigilante de
seguridad. Tengo pistola y podría haber matado a su hijo. Pero
observé cómo entraba en la cocina y cogía la mortadela, pensé que
tenía hambre. Luego le vi salir por la ventana del cuarto de baño."

Papá le preguntó al hombre, "¿qué ha cogido de su casa?"

"Cogió unas tijeras del cuarto de baño y un paquete de mortadela sin abrir del frigorífico," respondió.

"Aquí tiene las tijeras y le pagaré la mortaleda más tarde," dijo papá.

Papá me miró y me dijo, "¿qué le vas a decir al hombre?

Le miré al hombre a la cara y le dije, "robé sus tijeras y la mortadela. Siento habérmela comido, señor."

Cuando llegamos a casa, papá me preguntó, "¿por qué te subiste y entraste por la ventana del cuarto de baño? el hombre tenía una pistola y podría haberte disparado."

Le dije, "no lo sé papá, solo lo hice. Estoy avergonzado y siento lo que le hice a ese hombre, a tí y a mamá."

Papá me dijo, "entra en el dormitorio". Podía ver en su cara que estaba decepcionado conmigo. Unos pocos minutos después, entró en el dormitorio, se quitó el cinturón y me golpeó en las piernas y el culo.

Más tarde le dije a mamá, "siento haber herido tus sentimientos."

Nuestro hogar ya nunca será el mismo

Ella me dijo, "Lawrence Raymond, reza antes de irte a dormir esta noche."

Pensaba; *papá tenía que azotarme por entrar a la fuerza en casa ajena y robar. Me prometí a mí mismo nunca más entrar en casa ajena y robar de nuevo. Dios, perdóname.*

Larry Ray Hardin and Dianne DeMille, PhD

Capítulo 24

El orfanato de niños de San José

Al poco tiempo, mamá y papá empezaron a tener problemas. Se chillaban ambos casi cada día. Papá hacía algo malo para molestarla. Una noche, mamá se marchó con su hermana Mary a ver a su madre a un club de baile.

A la mañana siguiente, mamá no volvió a casa. Creo que necesitaba tiempo para relajarse durante el día de cuidarnos a todos. Mis hermanos, hermanas y yo nos quedamos solos junto a papá.

Antes de que papá fuera a buscar a mamá al día siguiente, hizo que una vecina de mamá cuidara de nosotros. Papá salió a buscar a mamá.

Yo me preguntaba; *ésta es la primera vez que estamos sin mamá durante más de un día.*

Casi dos días después, papá volvió a casa con su hermana más joven, Sara Lee.

La tía Sara Lee era muy amable con nosotros. Nos cambiaba la ropa, limpiaba la casa y nos hacía el desayuno.

Después del desayuno, un hombre y una mujer mayores llegaron a la casa.

Hablaron con papá en la cocina. Después, vi a papá llorar.

Poco después de que papá se secase las lágrimas me dijo, "tenéis que iros todos con este hombre y esta mujer a un orfanato durante unos días."

"¿Dónde está mamá?" preguntaron Brenda Sue, Linda Lou, y Debra Jean.

"Larry Ray, cuida de tus hermanos y hermanas," me dijo papá.

A última hora de la tarde, mis hermanos, hermanas y yo llegamos al orfanato de San José. Una vez dentro, vi a mis hermanas de la mano andando por un gran corredor. Luego vi al pequeño escaleras abajo con otra Hermana.

Le pregunté a la Hermana, "dónde van mis hermanas y mi hermano pequeño?"

"Van con otra hermana a otro edificio solo para chicas. Es el dormitorio para chicas. Tu hermano va a la planta de abajo para quedarse con otros pequeños," respondió ella.

Nuestro hogar ya nunca será el mismo

"¿Qué es una dormitorio?" preguntó Jeffrey Dewayne.

La Hermana dijo, "es una habitación grande con varias camas."

El orfanato

"¿Vamos nosotros al dormitorios de chicos?" preguntó Jeffrey Dewayne.

Jeffrey Dewayne y yo íbamos de la mano detrás de la Hermana, que era enorme, hacia otro edificio.

Pensaba; *la Hermana era más alta que papá. Las lentes de sus gafas eran tan gruesas que hacía que sus ojos parecieran más grandes.*

Más tarde, otra Hermana cogió a Jeffrey Dewayne de la otra mano y lo separó de mí. Desaparecieron en un habitación oscura. Creo que fue a otro dormitorio para pequeños.

La Hermana y yo entramos en una gran zona de dormitorios donde varios chicos estaban tumbados en sus camas. Ella me llevó hacia un cama junto a una ventana.

Miré por la ventana, pude ver un arroyo entre unos pocos árboles.

Lloré en silencio; *me quiero ir a casa, de vuelta a la antigua casa de campo de madera de dos habitaciones junto al arroyo en el valle. ¿Dónde están papá y mamá? ¿qué les va a pasar a mis hermanos y hermanas?*

La Hermana me dijo, "este es el dormitorio para los niños mayores. Esta es tu cama. El armario gris de metal es para tus ropas y sábanas."

Ella me preguntó, "¿te haces pipí en la cama?"

"No, Hermana," le respondí.

"¿Tienes alguna pregunta?," dije que no con la cabeza mientras miraba a los otros chicos de la habitación.

Pensaba; *este es un dormitorio grande. Hay muchas camas. ¿Qué les ha pasado a las familias de los otros chicos? ¿por qué están aquí?*

Me senté en la cama y miré alrededor. En la esquina, había una imagen de piedra blanca de casi un metro y medio de altura.

Nuestro hogar ya nunca será el mismo

Yo ya había visto esta imagen en escuelas católicas e iglesias, era la estatua de la Virgen María.

Pensé; a mamá le encanta rezarle a la Virgen María.

Después de un rato, alguien apagó las luces. Finalmente me tumbé en la cama con la ropa puesta, solo sin Jeffrey Dewayne.

Me seguía preguntando; ¿dónde están papá y mama? Me sentía muy solo. Nunca había estado sin mi familia.

De repente recordé lo que me dijo mi padre: eres el mayor. *Cuida de tus hermanos y hermanas.*

Ahora me preguntaba; tengo que cuidar de mis hermanos y hermanas. *No puedo llorar ahora, necesito encontrarlos.*

Lenta y sigilosamente me levanté de la cama y fui de puntillas a ver la imagen de la Virgen María. Luego, fui a buscar a mis hermanos y hermanas. ¡Vaya*! las dos puertas grandes estaban cerradas con llave.*

Pensé; no puedo abrir las puertas, ni puedo salir de aquí. Tendré que esperar hasta mañana para encontrarles.

Ya de noche, Jeffrey Dewayne me despertó. Pensé que era un sueño hasta que susurró, "Larry Ray, déjame sitio."

"¿Cómo has encontrado mi cama ? las puertas están cerradas. ¿Cómo has entrado?" le susurré.

Una vez que Jeffrey Dewayne se metió en mi cama, nos abrazamos sin empujarnos ni pegarnos. Rezamos, "Padre nuestro que estás en los cielos."

Dorminos juntos hasta por la mañana temprano cuando oímos que alguien abría las grandes puertas y entraba en el dormitorio grande. Le susurré al oído, "te has hecho pipí y las sábanas están mojadas. La Hermana me va a golpear las manos con la regla de madera y me va a tirar de la oreja. Vuelve a tu habitación ya."

Cuando Dewayne volvió a su habitación, intenté cubrir las manchas de pipí y el desagradable olor de la cama. También tapé el lado mojado con otra sábana, pero ya era tarde. La Hermana me miró y me dijo, "¿te hiciste pipí en la cama? ¡acompáñame!"

Pensé por un momento; no puedo huir de la Hermana. *No hay ningún sitio donde ir ahora. Nunca le dije a la Hermana que fue mi hermano el que se hizo pipí.*

Nuestro hogar ya nunca será el mismo

Permanecí en un rincón viendo la imagen de la Virgen María. Sonreía y pensaba; la Virgen sabe que fue Jeffrey Dewayne el que se hizo pipí en mi cama.

Más tarde, le pregunté a Jeffrey Dewayne, "¿cómo me encontraste en el dormitorio grande donde yo dormía? las puertas estaban cerradas."

El me dijo, "vi a la Hermana cómo te llevaba al dormitorio grande de chicos. Después de que ella fuera a otra habitación, me levanté de la cama y empecé a mirar hasta encontrar otra puerta que no estaba cerrada con llaves. Te busqué en la habitación mirando todas las caras de los chicos que dormían hasta que te encontré."

"¿Cómo encontraste a nuestras hermanas?' le pregunté.

"Después de encontrarte a tí, al día siguiente, anduve por los corredores ya de noche hasta encontrar el dormitorio de las chicas," me dijo. "allí vi a una Hermana que caminaba entre las camas. Luego, me escondí tras una puerta. Más tarde, al escuchar a alguien entrar, vi a la Hermana y gateé hasta esconderme debajo de las camas de las chicas.

Cuando los ruidos pararon, y la Hermana se marchó de la habitación, comencé con tranquilidad a fijarme en las caras de las chicas que dormían hasta encontrar a nuestras hermanas. No las desperté. Si lo hubiera hecho, podrían haber gritado," dijo.

Le pregunté a Jeffrey Dewayne, "¿buscaste al pequeño Bubbie?"

"Bajé y escuché a algunos bebés llorando en una pequeña habitación. Eché un vistazo y vi a dos Hermanas cuidando de los bebés. Creo que el pequeño Bubbie era uno de los que lloraba. Parecía que Bubbie chillaba y no lloraba." explicaba Jeffrey Dewayne.

Al final, supe gracias a Jeffrey Dewayne dónde dormían mi hermanas y el pequeño Bubbie.

Me preguntaba; *¿qué hubiese pasado si las Hermanas hubiesen descubierto a Jeffrey Dewayne en el dormitorio de las chicas de noche? Gracias, Señor, por ayudar a mi hermano.*

Linda Lou más tarde me contó en la cafetería que las Hermanas le dejaron bajar para cambiarle el pañal al pequeño Bubbie, darle de comer, bañarlo, y jugar con él. Ella me dijo que no paraba de llorar por mamá y por nosotros. Las Hermanas llamaron a papá para que viniese a recogerlo, tenía alrededor de dos años.

Después, Debra Jean y Linda Lou me dijeron que Brenda Sue se desmayó en el corredor. Brenda Sue empezó a temblar en en suelo; golpeándose las piernas y moviendo las manos como si estuviese intentando nadar en el suelo. Las Hermanas dijeron que sufrió una convulsión cerebral.

Linda Lou dijo luego, "las Hermanas enviaron a Brenda Sue al hospital para ser tratada. Dijeron que era probable que no volviese al orfanato. Puede que los médicos la enviasen a casa con papá."

Debra Jean me preguntó, "Larry Ray, ¿qué es una convulsión cerebral?"

"Es cuando alguien pone caras extrañas como hizo Brenda en el valle cuando bebió lejía," le contesté.

La noche siguiente, Jeffrey Dewayne entró en mi habitación a hurtadillas. Antes de dormir, le dije, "por favor, no te hagas pipí en mi cama. Las Hermanas me obligarán a estar de pie todo el día delante de la imagen de la Virgen María."

A los pocos días, la Hermana me cogió de la mano y me dijo, "¡vámonos!"

Pensé; *Jeffrey Dewayne no se hizo pipí en mi cama. ¿Qué ha pasado? ¿qué ha hecho ahora?*

La más alta de las Hermanas me cogió por el brazo y me dijo, "tienes que ayudarnos para que Jeffrey Dewayne deje de pelearse con la otra Hermana y con los chicos en el cuarto de baño."

Cuando entramos en la zona de dormitorios grande, escuché a Jeffrey Dewayne chillando y gritando en el cuarto de baño de los chicos. Gritaba, "¡déjame en paz! me quiero ir a casa."

Rápidamente entré en el cuarto de baño. ¡Vaya! Jeffrey Dewayne estaba subido en el retrete con el cinturón en la mano derecha. Le vi golpear a la Hermana en el brazo varias veces y luego patear a otros dos chicos en la barriga.

Le grité a Jeffrey Dewayne, "para de golpear a la Hermana con el cinturón."

124

Nuestro hogar ya nunca será el mismo

El, sin embargo, continuaba luchando contra la Hermana y los chicos.

Finalmente grité de nuevo, "para de golpear a la Hermana con el cinturón y golpear a los otros chicos."

De repente, Jeffrey Dewayne dio un salto desde el retrete y me abrazó, gritando en alto, "me quiero ir a casa." Luego me prometió no pelearse más con la Hermana ni con los otros chicos otra vez.

Esa misma noche, Jeffrey Dewayne no vino a dormir conmigo. Creo que por las peleas con la Hermana y los otros chicos, estaba cansado y se fue a dormir.

Larry Ray Hardin and Dianne DeMille, PhD

Capítulo 25

Pronto estaremos en casa con papá y mamá

Por la mañana temprano, la Hermana me dijo, "tu hermano Jeffrey Dewayne se escapó del orfanato ayer por la noche."

Y pensaba; *¿por qué no soy capaz de proteger a Jeffrey Dewayne?*

Larry Ray

Más tarde, salí y me senté junto a un roble al lado del pequeño arroyo; ninguno de los chicos me podía ver llorar, ni siquiera las Hermanas.

Y pensaba; *le echaré de menos de noche. Estaremos todos pronto en casa con mamá y papá.*

A última hora de la tarde, la Hermana me dijo, "tu hermano está en casa con tu padre. Volverá mañana."

Gracias, Señor por proteger a mi hermano.

No fue hasta el día siguiente cuando vi a Jeffrey Dewayne en la cafetería para el desayuno. Me susurró al oído, "sé cómo llegar a casa."

También le dijo a nuestras hermanas lo fácil que era salir del orfanato para ir a casa. En unos días, por la mañana temprano, Jeffrey Dewayne volvió a casa de nuevo con papá.

Las Hermanas me dijeron que se llevó al perro del orfanato.

Me preguntaba; ¿por qué se llevó al perro?*¿se lo llevó para que le protegiera?*

Más tarde, Linda Lou me dijo en la cafetería que las Hermanas estaban muy molestas con el pequeño Bubbie, con Brenda Sue, y con Jeffrey Dewayne. Les escuchó decir, "Bubbie gritaba y lloraba tanto que hacía llorar a los otros bebés. Brenda Sue estaba enferma de la cabeza y Jeffrey Dewayne se llevó el perro."

"Las Hermanas también querían deshacerse de Sharon Geneva porque siempre se estaba peleando con las otras chicas y a veces también con las Hermanas. Algunas Hermanas tenían miedo de Jeffrey Dewayne porque golpeó a una Hermana con el cinturón, pateó a dos chicos, y se escapó dos veces. Ellas dijeron que robó el perro cuando se fue a casa la última vez," explicaba Linda Lou y Debra Jean.

Nuestro hogar ya nunca será el mismo

Después, papá vino de visita al orfanato y me dijo, "las Hermanas ya no quieren hacerse cargo del pequeño Bubbie, de Brenda Sue, de Sharon Geneva, ni de Jeffrey Dewayne."

No me explicó lo que ocurrió y por qué se los llevaba del orfanato; solo me dijeron dónde se iban a quedar. Papá decidió dejar a Jeffrey Dewayne y Sharon Geneva en casa.

Más tarde supe por papá que el pequeño Bubbie se fue a vivir con la tía Susan, la hermana de papá. Brenda Sue se fue con la hemana mayor de mamá, Mary. Brenda Sue le dijo a la tía Mary que se estaba quedando ciega. La tía Mary ya no quiso cuidar de ella. Luego, llevó a Brenda Sue a casa de tía Susan, a la que le tiraba zapatos y también intentaba dar patadas.

Al final, se llevó a Brenda Sue a casa con él, dejando a Bubbie con la tía Susan.

Papá dijo, "saqué a Sharon Geneva del orfanato y volví a casa para quedarme con Jeffrey Dewayne y Brenda Sue"

Le pregunté, "¿volvió mamá a casa?"

"Sí, lo hizo," dijo papá.

En el orfanato quedábamos mis dos hermanas pequeñas, Linda Lou, Debra Jean, y yo. La única vez que veía a mis hermanas era en la cafetería durante unos 30 minutos para desayunar, almorzar y cenar.

A veces, a altas horas de la noche, Linda Lou y Debra Jean se colaban en el dormitorio de los chicos y se metían debajo de mi cama. Por la mañana temprano, miré debajo de la cama pero ya se habían ido. Regresaron al dormitorio de las niñas antes de que las otras niñas y la Hermana se levantaran.

Mientras esperábamos en el orfanato a que papá y mamá nos llevase a casa, yo estaba ya matriculado en cuarto curso con diez años.

Linda Lou con 7 años estaba en segundo curso y Debra Jean en primer curso con seis años.

Las Hermanas les dijeron a papá y mamá: "Linda Lou, Debra Jean y Larry deben quedarse en la escuela. Sus hijos son muy buenos y se portan bien. Queremos que se queden aquí en la escuela el resto del año ".

Nuestro hogar ya nunca será el mismo

Yo continuaba viendo a mis hermanas pequeñas todos los días en la cafetería. Ellas se sentaban con las chicas y yo con los chicos.

Cuando papá y mamá venían a visitarnos los fines de semana, era el mejor día de nuestras vidas. Pero también era un día triste cuando se iban y nos dejaban allí.

Papá me dijo: "mamá y yo estamos tratando de llevaros a casa nuevamente. La Hermana a cargo del orfanato quiere que todos terminéis la escuela. Ustedes tres podríais estar aquí hasta que termine la escuela a fines de mayo ".

Más tarde, cuando mamá y yo estábamos solos afuera caminando al lado del pequeño arroyo, ella me cogió ´la mano y me dijo: "Larry Ray, lamento haberos dejado solo. No entenderías por lo que estaba pasando con tu papá especialmente cuando bebía. Algún día lo entenderás.

Mamá dijo, "volví a casa para estar con Junior porque quería que volviéramos a estar todos juntos de nuevo. Quiero que todos vosotros vuelvan a casa conmigo."

"Sí, mamá," respondí.

"Te quiero Larry Ray. Recuérdalo siempre," dijo mamá.

"Yo también te quiero, mamá"

Finalmente, después de casi un año viviendo en el orfanato, mamá y papá vinieron a recogernos. Las clases terminaron por las vacaciones de verano.

Mamá me pidió que me sentase en el asiento delantero al lado de la ventana en el coche nuevo de papá; un Chevrolet de 1956 de cuatro puertas rojo y blanco. Los asientos del coche eran rojos y muy bonitos.

Después de harcerle un hueco a mamá para que se sentase al lado de papá, ella me dio un dólar. Y me dijo, "de ahora en adelante, te daré un dólar a la semana para tus gastos. Has crecido mucho Lawrence Raymond."

Rápidamente miré al asiento trasero para ver a Linda Lou a Debra Jean y a Jeffrey Dewayne, Brenda Sue, Sharon Geneva, el pequeño Bubbie, y mi nuevo hermano pequeñito James Daniel.

Y pensé; nuestro hogar ya nunca será el mismo.

Capítulo 26

De vuelta a casa

Más tarde, en nuestra casa de tres habitaciones ubicada en un callejón rodeado de edificios de apartamentos en Louisville, salí para ver mi nueva vida lejos del orfanato. Miré al otro lado de la calle y vi a un niño negro apuntándome con algo. Levanté la mano para saludarlo.

Y pensé; *desde que dejé el orfanato, ésta es la primera vez que veo a un chico de color.*

En vez de devolverme el saludo, me apuntó con lo que parecía un rifle.

De repente, algo me golpeó en el vientre.

Grité, "¿me disparaste con una pistola de aire comprimido?"

El sonrió, y luego salió corriendo como un gato negro. Sin prestar atención a los coches y camiones, crucé corriendo el callejón para encontrar y coger al chico.

¡Guau! entonces, algo duro me golpeó la pierna derecha. Me caí en la calle y rodé varios metros hasta que finalmente me detuve. Miré hacia arriba y noté que una camioneta tipo pick-up me había derribado. El conductor salió de la camioneta y me miró mientras yo estaba en el suelo.

Pensé; *parece un oso polar; pequeño y gordo.*

"¿Estás bien?" preguntó el conductor. Las manos sudorosas del conductor y su cabeza temblaban mientras me recogía del suelo lentamente.

Y me dije; *¿le está dando un ataque al corazón? no le dije nada. No quería asustarle.*

Sin su ayuda, me levanté lentamente.

Y me preguntaba; *¡pobre hombre! está muy asustado. Sus manos y su cabeza temblaban muy rápido.*

¡Vaya! grité, la pierna me dolía."

El hombre estaba muy nervioso intentando levantarme.

"¿dónde vas? ¿dónde vives? ¿puedo ayudarte?" me dijo nervioso.

"Me tengo que ir a casa," le contesté.

Volví cojeando a casa. En casa, no le dije nada ni a papá ni a mamá del accidente con la camioneta. Ni tampoco les mencioné que un chico me disparó con una escopeta de aire comprimido en el vientre.

Me preguntaba; *llevo dos días en casa desde que dejé el orfanato. Me han disparado y me ha golpeado una camioneta. ¿Qué más me puede pasar? ¿dónde están mis hermanos?*

Después de unos días en casa, noté que papá y mamá empezaron a llamar a Jeffrey Dewayne "Jeffrey" y a James Daniel "Daniel." A veces, oía a algunas de mis hermanas gritar "Doodle Bug" en vez de Daniel.

Más tarde, vi a Jeffrey con una pandilla de punkies callejeros del vecindario.

Mamá me dijo, "esos chicos asaltan casas y coches. No te quiero ni a tí ni a tus hermanos cerca de ellos."

"Tendré cuidado, mamá. Cuidaré de ellos," le dije.

Después de un tiempo, encontré a Jeffrey con sus amigos de pandilla en el sotano de un edificio de apartamentos abandonado. Oía a estos gamberros, eran cuatro, hablaban mal de mis hermanas y de las otras chicas del vecindario. Ellos pensaban que era 'guay' hablar mal de mis hermanas.

Miré a Jeffrey y le dije, "vámonos de aquí ahora. ¿no has oído lo que estos gamberros están diciendo de tus hermanas?"

Ellos se reían de nosotros. Le dije, "Jeffrey, vamos fuera."

Ya fuera, les grité, "sois unos gamberos y unas maricas. Salid fuera, panda de maricas."

Le dije, "Jeffrey, vamos a coger varias piedras pequeñas. Y vamos a esperar a que salgan. No iremos a casa sino a tirarles piedras."

Jeffrey gritó, "aquí vienen."

Inmediatamente empezamos a tirarles piedras golpeándoles en los brazos y las piernas, y a dos de ellos en la cabeza.

Nos gritaban que parásemos de tirarles piedras.

Jeffrey tiraba piedras como una ametralladora disparando balas. Al final, salieron corriendo como perros callejeros siguiendo a un camión de la basura.

Grité, "Jeffrey, de ahora en adelante puede que tengamos que pelearnos con estos gamberros cuando les veamos en el vecindario."

Reía mientras continuaba tirándoles piedras.

Nuestro hogar ya nunca será el mismo

Más tarde, le pregunté a Jeffrey, "¿cómo te escapaste dos veces del orfanato? ¿cómo encontraste el camino a casa? ¿por qué te llevaste el perro del orfanato?"

Jeffrey me explicó, "un niño pequeño de mi habitación me mostró una puerta de emergencia contra incendios en el pasillo principal. El me dijo que cuando abriese la puerta, vería un tobogán de emergencia en la escalera de incendios."

"¿Por qué no me pediste que te acompañara?" le pregunté.

"Ni me lo pensé," respondió. "Por la mañana temprano cuando todavía había oscuridad, abrí silenciosamente la puerta de emergencia. Vi la escalera de incendios que daba al patio, salté por el tobogán hasta caer al suelo, la verdad es que fue divertido. Una vez en el patio, corrí hacia una valla amurallada. Encontré un agujero en la parte inferior de la valla y me arrastré hasta el otro lado," explicó Jeffrey.

"Al otro lado de la valla, vi las vías del tren. Caminé por las vías hasta que reconocí nuestra escuela. Al ver la escuela, ya sabía dónde estaba nuestra casa. Cuando llamé a la puerta de la cocina, papá se sorprendió. Luego me llevó de vuelta al orfanato."

Yo le pregunté, "Jeffrey ¿cómo sabías que siguiendo las vías del tren te llevarían hasta casa?"

"Realmente no sabía si iba en el camino correcto. Pero alguien me dijo que iba por las vías del tren correctas," respondió.

"¿Quién era ese alguien?" le pregunté.

"No vi a nadie. Fue una voz de mi cabeza," dijo.

"Cuando papá te trajo de vuelta a casa, no me dijiste que planeabas escaparte de nuevo" le dije.

"Sabía que tú tenías que quedarte aquí para cuidar de nuestras hermanas," contestó Jeffrey. "El mismo niño pequeño de mi habitación me enseñó otra forma de escaparme. Era a través de la cafetería."

"Por la mañana temprano, entré sigilosamente en la cafetería. Abrí una puerta que salía al patio de recreo. Una vez fuera, encontré la pared de la valla y el agujero debajo. El perro y yo nos arrastramos por debajo de la valla, a través del agujero," dijo Jeffrey.

Le pregunté: "¿por qué te llevaste al perro?"

"El perro me siguió a mí no yo a él. Los dos empezamos a caminar por las vías del tren. Seguí por el mismo camino hasta ver nuestra escuela otra vez."

"El perro salió corriendo al ver a una perrita. Ya no le volví a ver de nuevo," explicó.

"¿Por qué sabías que era una perrita?" le pregunté.

"La perrita tenía tetitas como las vacas del abuelo y el perro del orfanato no tenía tetitas sino una 'cosita' bajo el abdomen"

Jeffrey dijo, "cuando llegué a casa, papá ya se había mudado a otra casa.

La vecina amiga de mamá cuidó de mí hasta que papá vino a recogerme.

Papá me dijo, "ya no vuelves al orfanato."

Larry Ray Hardin and Dianne DeMille, PhD

Capítulo 27

Bocadillos de patatas para el almuerzo

Finalmente, nos matriculamos en la escuela católica.

Estaba en quinto curso y Jeffrey en cuarto. Brenda Sue y Linda

Lou estaban en tercero y Debra Jean en segundo.

Antes de ir a la escuela el primer día, Jeffrey y yo nos

pusimos una camisa blanca de manga corta y pantalones azul

oscuro. Y mis hermanas llevaban una blusa blanca también de

manga corta con camisa azul.

Mientras nos preparábamos

para la escuela, mamá nos hacía

bocadillos de patatas para almorzar.

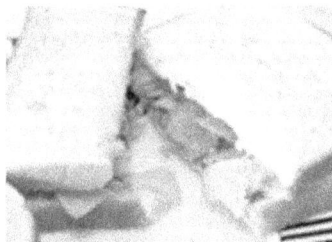

Bocadillos de patatas

Nos ponía los bocadillos en bolsitas de papel marrón. A veces, si

tenía suficiente dinero para comida, solía comprarnos un bote

grande de mantequilla de cacahuetes y mermelada de moras para

hacer los bocadillos. Luego, solía darnos cinco centavos para que

compráramos medio litro de leche en la cafetería de la escuela.

Mamá no podía ir a la escuela con nosotros porque Sharon

Geneva, el pequeño Bubbie, y Daniel, el bebé, tenían que quedarse

141

en casa. Ella me dijo, "Larry Ray, tienes que cuidar de tus hermanos y hermanas en la escuela, asegúrate de que no les pasa nada. Cuídalos."

Daniel siempre hacía algo como tirarles del pelo a Sharon Geneva y Debra Jean e intentaba morder al pequeño Bubbie donde pudiese.

Cuando Daniel no se peleaba, reía y jugaba con Linda Lou. Creía que iba a ser un Hardin fortachón cuando se preparaba para la escuela como Jeffrey y el pequeño Bubbie.

Capítulo 28

La vieja casa tenía electricidad, agua de pozo,

y un retrete exterior

Pasado un tiempo, mamá le dijo a papá, "Jeffrey y Larry Ray se van a meter en problemas con los chicos de la calle, en especial con los de las pandillas del vecindario. Temo también que los niños mayores les hagan daño a las chicas."

Ella le explicó a papá, "no quiero vivir en la ciudad por más tiempo. Volvamos con los chicos al campo donde estamos seguros y tranquilos."

Poco después, Papá encontró una vieja casa abandonada en ruinas en la carretera de Big Plum Creek. Dijo que el alquiler era de diez dólares al mes.

El propietario, el Sr. Harry McKinley, le dijo a papá que ahora podía mudarse a la vieja casa. La antigua casa del señor Harry no tenía agua fría ni caliente, sala de estar, baño, calefacción ni armarios. Sí que tenía electricidad, un pozo exterior y un retrete junto a un pequeño riachuelo.

Mamá dijo: "nos vendrá bien vivir aquí por unos meses hasta que encontremos otra casa con baño y agua dentro".

Recordaba que hacía mucho frío ese día de diciembre cuando nos mudamos a la vieja casa de tres habitaciones con estructura de madera del señor Harry en Big Plum Creek. La vieja casa estaba al lado de un pequeño riachuelo helado.

Papá tuvo que comprar una estufa de madera para la cocina, para que mamá pudiese cocinar y tener agua caliente para lavar la ropa y poder bañarnos. Luego compró una estufa de carbón para calentar los dos dormitorios.

La estufa de carbón estaba ubicada en el dormitorio de mamá y papá. Su dormitorio también era nuestra sala de estar para ver la televisión y comer en el sofá. Las estufas ayudaron a mantener las habitaciones calientes en el invierno y a cocinar una olla de sopa de frijoles para el almuerzo y la cena.

Papá nos dejó muy claro que Jeffrey y yo necesitábamos conseguir leña y carbón todas las mañanas para la casa- Nos explicó: "vuestra mamá necesita cocinar y mantener la casa caliente en el invierno. ¿Entienden ustedes, chicos?

Nuestro hogar ya nunca será el mismo

A la mañana siguiente, me levanté con frío de la cama.

Me olvidé la leña para que papá encendiese la estufa y para que mamá preparara el café para el desayuno. Pero no me olvidé del carbón para la estufa para calentar la casa.

Rápidamente me quité la pesada colcha y le di una patada a Jeffrey en la pierna. Susurré: "vamos, tenemos que levantarnos e ir al porche del tío JT a buscar leña. Si no consigo algo de leña,

Larry Ray y Jeffrey Dwayne

papá me va a dar azotes con su cinturón."

"Podemos entrar a hurtadillas en la casa del tío JT. Siempre tiene leña en el porche para los días fríos —susurré

mientras salía humo por mi boca.

El hermano de papá, el tío JT, vivía al otro lado de la carretera de Big Plum Creek frente a nosotros en una casa de dos habitaciones, también propiedad del Sr. Harry.

"No me voy a levantar. Hace demasiado frío, susurró Jeffrey.

"Si no te levantas y vienes conmigo a buscar la leña, te daré una paliza más tarde".

Mis dos hermanos menores, el pequeño Bubbie (Joseph Richard) y el bebé Doodle Bug (James Daniel) se quedaron en la cama de plumas.

Jeffrey y yo salimos silenciosamente de la casa como dos ratones asustados y caminamos lentamente en la oscuridad hacia la casa del tío JT. Hacía mucho frío afuera en la oscuridad y no llevábamos abrigos. Olvidamos coger nuestros abrigos cuando salimos por la puerta de la cocina. Cuando nos acercamos a la casa del tío JT, vi salir humo de su chimenea.

Me preguntaba; ¿se habrá levantado ya el tío JT?

Susurré: "Jeffrey, mantén tus ojos en la puerta principal y las cortinas de la ventana. Si ves que las cortinas se mueven, entonces es que la cara barbuda de JT está mirando por la ventana. Una vez que veas su cara, haz un ulular de búho, para que yo me entere.

Nuestro hogar ya nunca será el mismo

Era una mañana oscura y no había luces encendidas dentro de la casa de mi tío. Mientras continuaba acercándome a su porche delantero, estaba pensando; espero que el tío JT haya vuelto a la cama.

Vi la leña apilada por lo menos medio metro de alto en el porche. Me arrastré lentamente hasta el porche como una ardilla en busca de algunas nueces escondidas en la leña. Agarré un poco de madera y me fui sin hacer ruido.

El tío JT nunca sabrá que cogí un poco de su madera.

Me quedé callado como un ratón de campo que salía del porche y pensaba; el tío JT y sus tres hijas están profundamente dormidos, como bebés.

Le susurré a Jeffrey: "puedo coger leña de JT cuando quiera, sin que él o sus hijas me escuchen entrar sigilosamente en su porche. No podrán verme en la oscuridad. Es como quitarle un caramelo al pequeño Bubbie sin que él sepa lo que pasó ".

Yo pensaba; *es así de fácil. Si olvido llevar leña a casa, voy a la casa de JT y cojo leña de su porche.*

Papá estaba buscando leña detrás de la estufa de madera para encender un fuego en la cocina cuando entramos con la leña en los brazos.

Ya entrada la mañana, papá y yo estábamos afuera cerca del pozo de agua cuando el tío JT gritó: "Oye, hijo, vi a Larry Ray temprano esta mañana escabulléndose en mi porche delantero como un ladrón y cogiendo un poco de leña. También vi a Winnie (el apodo de Jeffrey) de pie detrás del arbusto. ¿Por qué ese chico se escondería detrás de un arbusto sin hojas?

"Pensé en disparar mi escopeta por encima de la cabeza de Larry Ray cuando entró de puntillas en el porche. Junior, si hubiese disparado con mi escopeta de cañón del calibre 12, esos chicos tuyos hubiesen corrido a casa gritando como cerdos salvajes pidiendo comida. Hacía demasiado frío para que los chicos se fueran a casa sin leña" dijo JT.

El tío JT masticaba y escupía tabaco en el frío suelo. Papá me miró y le dijo a su hermano: "hablaré contigo más tarde, JT".

JT reía como un viejo oso, sabiendo que papá me iba a zurrar por coger leña de su porche.

Nuestro hogar ya nunca será el mismo

¿Por qué el tío JT le dijo a papá que me estaba viendo sacar leña del porche de su casa? Se suponía que Jeffrey Dewayne estaba vigilando la puerta principal y las cortinas de las ventanas de JT. Debía ulular como un búho, para advertirme si JT se asomaba por la puerta o movía las cortinas de la ventana.

Después ya en la casa, papá me habló del robo de leña del porche de su hermano. Sacó el cinturón de sus pantalones y me azotó. Mi hermano y mis hermanas corrieron al otro dormitorio, excepto el pequeño Bubbie y el bebé Doodle Bug; querían mirar mientras papá me azotaba.

Ya entrada la tarde, perseguí a Jeffrey fuera de casa y le di varios puñetazos en el brazo por no vigilar al tío JT.

Entendía que papá me pegase cuando golpeaba a mis hermanos y hermanas. Pero no entendía por qué me azotó cuando cogí la leña de su hermano, ya que tenía mucha en el porche delantero.

Después de que me azotara papá y yo golpease a Jeffrey, mamá tenía muchísima leña para cocinar una olla de sopa de patatas, frijoles, y pan de maíz casero en las estufas de madera y carbón. Para el resto de las comidas, ella solía usar la estufa de carbón o la de gas.

Durante los meses de verano, Jeffrey y yo ya no nos olvidábamos de llevar leña y carbón a nuestra casa para las estufas.

A veces, iba a hurtadillas al porche del tío JT para coger más leña.

Cuando mamá estaba lista para lavar la ropa y para que nos bañáramos semanalmente en invierno, nos decía: "traed el agua". Brenda Sue y Linda Lou salían corriendo al pozo con sus cubos de agua. Si era invierno y papá estaba en casa, Jeffrey y yo salíamos a buscar el agua para mamá. Ella cogía el agua y la calentaba en la estufa para lavar la ropa, cocinar y para nuestros baños.

Capítulo 29

No todo el mundo es católico

Mamá nos decía: "podéis salir, pero no vayáis a jugar al bosque. Y no os acerquéis al agua congelada del arroyo".

"¿Por qué no podemos ir al bosque y jugar en el pequeño arroyo, mamá?", preguntó Linda Lou.

"Podéis ir al retrete y al pozo de agua. Pero al bosque y al arroyo no. Quedáos cerca de la casa hasta que empiece el colegio después de Navidad", respondió ella.

Delante: Bubbie, Diane, Mary Bell Warner, Detrás: Debra Jean Linda Lou, y Brenda Sue

Finalmente, después de Navidad y Nochebuena, todos empezamos la escuela en Taylorsville, excepto Sharon Geneva, el pequeño Bubbie, y el bebé Doodle Bug.

Doodle Bug tenía solo nueve meses. Ellos se quedaban en casa con mamá.

Mamá decía: "la escuela de Taylorsville no es católica. Es una escuela pública".

"¿Qué es una escuela pública, mamá?", preguntó Brenda Sue.

"No son todos católicos. Todos los niños no se visten igual. No hay iglesia en la escuela. No hay Hermanas que enseñen. No se reza por la mañana antes de empezar las clases", respondió mamá.

¿Vamos a ir andando a la escuela?", preguntó Debra Jean.

Mamá dijo: "No. Los niños no podéis ir andando al colegio, está demasiado lejos. Un autobús escolar amarillo os recogerá delante de la casa. Tenéis que esperar junto a nuestro buzón a que el autobús escolar pare y os recoja".

Capítulo 30

El viejo autobús escolar amarillo

Mi hermano, mis hermanas y yo nos subíamos al autobús escolar amarillo frente a la deteriorada y vieja casa del señor Harry. El conductor del autobús, el señor McGee, nos miraba sin sonreír. Ni siquiera nos decía ni una palabra.

Le pregunté a Jeffrey: "¿por qué el conductor parece triste al vernos subir al autobús?".

"Quizá piense que nos vamos a pelear con los otros niños", dijo.

"No creo que al viejo le guste que los niños causen problemas", respondí.

El Sr. McGee ya tenía varios niños en el autobús procedentes de la carretera de Big Plum Creek y de los alrededores. Brenda Sue, Linda Lou y Debra Jean dijeron: "¡vaya! esperamos que Larry Ray no empiece a pelearse en el autobús con los otros chicos".

"Yo también", dijo Jeffrey.

Los chicos del autobús no iban vestidos con camisas blancas, pantalones azules y zapatos negros. Las chicas tampoco iban vestidas igual. Casi todos los niños del autobús gritaban, pero no el señor McGee.

Linda Lou gritó: "¿por qué gritan Brenda Sue y todos los del autobús?".

"Porque no se oyen cuando hablan", gritó Debra Jean.

Cuando llegamos a la escuela de Taylorsville, un chico mayor nos llevó a la oficina del director. La secretaria del director, una ancianita de pelo gris con grandes gafas para leer, nos dijo: "vosotros debéis ser los chicos de Hardin. ¿Quién es Larry Ray?"

Linda Lou, Sharon Geneva, Joseph Richard (Bubbie), Debra Jean, y James Daniel (Doodle Bug)

Di un paso adelante.

De acuerdo, Larry, vas a quinto curso, Jeffrey a cuarto, Linda y Brenda a tercero, y Debra, tú vas a segundo".

"Larry Ray, quiero ir contigo", susurró Jeffrey.

"No puedes ir conmigo. Estás en cuarto curso. Te perdiste el curso en el orfanato cuando te escapaste", le contesté.

Mamá tenía razón cuando decía que los niños del colegio no se vestían como católicos. Después de unas horas de aprender a leer, escribir y sumar números, fuimos a la cafetería. En el comedor, me preguntaba por qué el almuerzo era gratuito. Las escuelas católicas hacían que mamá nos pagara el almuerzo o que llevásemos nuestros bocadillos de patatas a la escuela.

Estaba emocionado; se acabaron los bocadillos de patatas para el almuerzo en la escuela. Más tarde, el viejo conductor del autobús escolar, el Sr. McGee, nos dejaba frente a nuestra casa. Gritábamos: "mamá, tenemos hambre". "Los frijoles y el pan de maíz están en la estufa", dijo ella. "¿Cómo fue vuestro primer día en la escuela?". Inmediatamente dije: "el primer día de clase hice el juramento de lealtad a la bandera americana con los otros niños. Era igual que en las escuelas católicas. Pero no rezamos juntos".

Pensaba: "es genial estar en casa comiendo frijoles y pan de maíz.

Capítulo 31

El bosque y los arroyos eran nuestro patio de recreo

Después de mudarnos a la antigua casa del Sr. Harry, ya no había niños en las calles de la ciudad esnifando pegamento y pintura ni bandas forzando coches y casas como diversión. Había mucha tranquilidad en Big Plum Creek; no había ruidos de tráfico urbano ni vecinos gritando y chillando entre sí. Mis hermanas, hermanos y yo ya no nos peleábamos con las bandas ni con los chicos de la calle, tampoco huíamos de ellos.

Después de casi cinco meses en la escuela de Taylorsville, llegaron las vacaciones de verano. Yo pensaba; *nuestro primer verano en Big Plum Creek. Me gustaría volver a la ciudad, vivir aquí es muy aburrido.*

Foto de familia

En mi primer verano viviendo en la vieja casa del Sr. Harry, tuve que buscar algo que hacer en Big Plum Creek. Había mucho que hacer cuando vivíamos en la ciudad.

No veía muchos niños de mi edad, ni de ninguna otra, jugando en la carretera cerca de nuestra casa. Vivían cerca las chicas de los McKinley pero no había chicos. No me interesaba jugar con la chica mayor de los McKinley, aunque era guapa y teníamos más o menos la misma edad.

No había chicos viviendo cerca de nuestra casa para jugar y pasar el rato en Big Plum Creek. Había otros chicos que vivían demasiado lejos de nosotros, como los chicos de Marion y sus guapas

Chicos de Big Plum Creek
jugando al baloncesto

hermanas; los chicos de Buck McClain, pero siempre estaban ordeñando vacas; el chico de Russel Smith y sus dos guapas hermanas, Joe y Mattie Cundiff con sus dos chicos; el chico del Sheriff Waterfield y su hija; y los tres chicos Grey con sus dos hermanas que vivían cerca.

Nuestro hogar ya nunca será el mismo

La vieja casa del Sr. Harry tenía un retrete apestoso junto al pequeño arroyo. Tampoco había agua caliente ni fría dentro de la casa; solo cubos de agua sulfurosa para beber. Echaba de menos bañarme con agua caliente.

Las casas de la ciudad tenían cuartos de baños para hacer pipí y caca y agua corriente caliente. También había un pozo maloliente cerca de un viejo olmo. El agua potable sabía a huevos podridos.

James Daniel (Doodle Bug) y la vecina Karen McKinley

Mamá nos hacía irnos a la cama cuando el sol desaparecía tras los altos árboles. Y nos levantábamos temprano antes de que saliese el sol. A veces, tenía que lavar las sábanas en las que Jeffrey y Brenda se hacían pipí con agua fría. Era como vivir de nuevo en el valle cuando soy tenía seis años.

En un cálido día de verano, estaba fuera pensando; ¿qué hay que hacer hoy aquí en Big Plum Creek?

Linda Lou, Doodle Bug,
y Bubbie

Luego grité, "oye Jeffrey, vamos al arroyo a buscar serpientes. ¿Recuerdas antes de trasladarnos a la ciudad cómo buscábamos serpientes bajo las piedras del arroyo?"

"Vale, llamaré a las hermanas," respondió. "Hay muchos bosques, lagos, estanques y otros arroyos alrededor de la vieja casa del Sr. Harry donde jugar y buscar serpientes"

Arroyo en el bosque

Todos bajamos al arroyo excepto Linda Lou. La mayoría de las veces, ella se quedaba en casa ayudando a mamá al cuidado del bebé Daniel.

Mamá siempre estaba limpiando la casa, lavando ropa y sábanas de cama, planchando, cocinando y pagando facturas. Cuando mamá estaba muy ocupada para cuidar a Daniel, Linda

Lou ayudaba a cuidarlo como un ángel; como hacía cuando cuidaba del pequeño Bubbie en el orfanato.

Linda Lou le cambiaba los pañales a Daniel, le bañaba y le daba de comer. Si venía con nosotros al arroyo, solía venir con Daniel. Cada vez que ella salía a jugar, iban juntos.

Cuando Linda Lou iba a la tienda de RT, ella llevaba a cuesta a Daniel hasta que se cansaba. Entonces le llevaba de la mano. Si tenía cincos centavos o algunos peniques, ella le compraba caramelos.

Brenda Sue, Jeffrey Dewayne, Faye, Linda Lou, Larry Ray

Sharon Geneva, Debra Jean, Brenda Sue, y Linda Lou

Mis hermanos, hermanas, y yo pasábamos la mayoría de los días de verano en el arroyo, buscando serpientes, peces, cogiendo cangrejos, y pescando en las rocas. Solíamos también tumbarnos en el agua para bañarnos y lavarnos el pelo.

Cuando no íbamos al arroyo, entonces corríamos por el bosque casi todos los días jugando a los indios listos para luchar. Una vez, Jeffrey y yo usamos la sierra de mano del Sr. Harry, el martillo y algunos clavos para construir una casa en lo alto de un arce de azúcar.

Me preguntaba; *¿sabía el Sr. Harry que cogimos sus herramientas para construir una casa en el árbol? creo que sí, porque siempre las estaba buscando.*

Por fin, a final de año, me regalaron una escopeta del calibre 20 de un solo cañón como regalo de navidad anticipado.

Nuestro hogar ya nunca será el mismo

Papá y yo íbamos al pequeño arroyo que había tras el retrete exterior a disparar a las latas vacías que flotaban en el agua.

Ese invierno, paseaba por el bosque por las mañanas con mi escopeta buscando ardillas y conejos para comer en la cena. Iba a cazar para encontrar comida que llevar a la mesa.

A veces, no podía disparar ni a las ardillas ni a los conejos. Mi familia siempre tenía que comer. Pero también pensaba que los animales salvajes tenían derecho a vivir.

Con el tiempo, dejé de cazar.

Capítulo 32

La tienda de comestibles de RT Jenny

El día de Acción de Gracias lo celebrábamos matando cerdos y quizá uno o dos bueyes en la granja del abuelo Hardin. Al día siguiente de Acción de Gracias, empezamos a soñar con los regalos que Santa Claus traería a nuestro árbol de Navidad.

Mamá se enteró por vecinos y amigos de que RT y la señora Nancy Jenny hacían una celebración de Nochebuena en su tienda de comestibles.

Unos días después del Día de Acción de Gracias, en la tienda de comestibles de RT vimos un árbol de cedro vivo de dos metros, de color verde oscuro, situado en una esquina detrás de la estufa de madera. El cedro de Navidad procedía de la granja de RT. La estufa de madera proporcionaba el único calor a la tienda de RT durante los fríos meses de invierno.

La Sra. Jenny decoraba el árbol de cedro con bombillas grandes y pequeñas de distintos colores y juguetes en miniatura colgando de las ramas. Las luces de Navidad rodeaban el árbol de arriba a abajo, y una estrella blanca en la parte superior del árbol.

164

Nuestro hogar ya nunca será el mismo

Casi todos los que vivían en Big Plum Creek y sus alrededores, se detenían en la tienda para ver el hermoso árbol de Navidad de RT y la señora Nancy.

Recuerdo que mi familia y muchas otras familias de Big Plum Creek nos agolpábamos en la tienda de RT en Nochebuena. Todos nos reuníamos en una gran sala sentados en bancos de madera y de pie alrededor de la estufa mirando el árbol en la esquina. Y esperábamos para cantar canciones y desear a todos una Feliz Navidad. RT tocaba la guitarra y la armónica. Cantábamos canciones a nuestro Señor Jesús.

Varios meses después, Carrol Ray y la Sra. Snooks Montgomery fueron de visita a nuestra casa. La señora Snooks permanecía de pie en la puerta principal llorando mientras le susurraba a mamá.

Me preguntaba: ¿por qué está llorando la señora Snooks? ¿por qué le susurra a mamá? espero que papá esté bien.

Mamá cerró lentamente la puerta. Se dio la vuelta y nos miró. Ella comenzó a llorar.

Mamá cerró lentamente la puerta. Se dio la vuelta y nos miró. Empezó a llorar.

"¿Qué pasa, mamá?", le preguntamos todos. "RT ha muerto hoy en el hospital a causa de su enfermedad", dijo llorando.

Después de la muerte de RT, no hubo más celebraciones de Nochebuena en su tienda de comestibles. La señora Nancy acabó cerrando la tienda de RT. Después de un tiempo, ella también murió.

Papá y mamá nos llevaron a otra tienda de campo en Kings Church Road en Nochebuena. Estaba a unos seis kilometros de nuestra casa. La dueña de la tienda era la señora Phillips, una viuda que cuidaba de sus padres y de su tienda de comestibles.

Tenía un hermoso árbol de Navidad con luces y bombillas. También había una gran estrella brillante en la copa del árbol.

Papá compró unos caramelos y un pequeño coco redondo de cáscara dura con algo dentro.

Debra Jean preguntó: "¿qué hay dentro, papá?".

"Hay leche de mono dentro", dijo él.

Nuestro hogar ya nunca será el mismo

Papá hizo un agujero con su cuchillo en la dura cáscara. Luego tomamos un trago de la leche de mono. La señora Phillips se rió y dijo: "es leche de coco. No es leche de mono".

Mientras mis hermanos y hermanas bebían leche de coco, recordé: en las películas de Tarzán, vi a Tarzán, Jane y Boy comer plátanos y beber mucha leche de coco. También vi a mujeres de color utilizar cáscaras de coco para cubrirse los pechos.

Larry Ray Hardin and Dianne DeMille, PhD

Capítulo 33

Nuestra primera Navidad en Big Plum Creek

Después de nuestro segundo año viviendo en la vieja casa

del Sr. Harry, mamá nos dijo a Jeffrey y a mí que fuéramos al

bosque que había detrás de la casa en la granja de RT Jenny a

buscar un pequeño árbol de cedro para Navidad. Aseguraos de que

el árbol sea más alto que yo. Llevad la carretilla roja con vosotros

y la sierra de mano de vuestro padre. Abrigaos bien. Hace mucho

frío afuera por las mañanas y tened cuidado con la sierra de mano

de vuestro padre.

Buscando el árbol de Navidad, Jeffrey y yo finalmente

encontramos un cedro verde

oscuro de la altura de mamá

que crecía solo junto a un

pequeño arroyo helado.

"Vamos a serrar este árbol y

llevarlo a casa", dije.

La vieja casa del Sr. Harry
con la estufa de carbón

Nos turnamos para serrar el árbol por la parte inferior hasta

que cayó al suelo helado. Le di la sierra de mano a Jeffrey y le dije:

169

"No la pierdas". Miré fijamente a Jeffrey y le pregunté: "¿vas a quedarte ahí mirando? ¿puedes ayudarme a recoger el árbol y ponerlo en la carretilla? si no me ayudas, te voy a pegar. Te lo juro".

Dijo: "¡oye! el agua del arroyo está realmente congelada. Vamos, caminemos sobre el hielo".

"De acuerdo, ve tú primero", le contesté.

Jeffrey empezó a deslizarse por el hielo mientras avanzaba por el arroyo congelado. Se rió y gritó: "vamos Larry Ray. Estoy jugando al hockey. ¡Vaya! puedo ver peces nadando bajo el hielo".

"¿Qué? los peces no pueden vivir bajo el hielo. Enséñame los peces".

"Ven aquí y mira los peces", gritó.

Salté sobre el hielo. Inmediatamente mis pies se abrieron paso. Estaba de pie en agua helada hasta las rodillas. Grité: "el agua está fría. Si me pongo enfermo, mamá se lo dirá a papá. Sabías que me iba a mojar"."

"No, no lo sabía," gritó. Miré y vi los peces nadando bajo mis pies.

170

Nuestro hogar ya nunca será el mismo

Una vez que llegamos a casa con el árbol de Navidad, mamá nos preguntó, "¿dónde está la sierra de vuestro padre? ¿por qué tenéis lo pies mojados?"

Rápidamente miré a Jeffrey. De repente, salió corriendo hacia el bosque para recoger la sierra.

Ella gritaba, "será mejor que la encuentres. No vuelvas a casa sin ella."

Más tarde, mamá decoraba el árbol con pequeñas bolas de algodón. Nos hacía dibujar árboles verdes de colores y figuritas de personas con papel escolar. Luego ella colgaba los figuritas y los árboles junto a las bolas.

Yo decía; *mamá siempre decoraba nuestro árbol de Navidad con bolas de algodón y algo que brillara y resplandeciera.*

Larry Ray Hardin and Dianne DeMille, PhD

Capítulo 34

Luchadores de serpientes

El verano siguiente, Jeffrey y yo matábamos serpientes en Big Plum Creek. Noté que una serpiente negra de casi dos metros de largo se acercaba a nosotros bajo el agua. Le susurré: "no te muevas. ¿Ves la serpiente negra bajo el agua?"

"Sí", respondió Jeffrey.

Dejé caer una pequeña piedra al agua.

Inmediatamente, la serpiente negra se movió hacia nosotros con el sonido de la roca al golpear el agua. Salió a la superficie y se quedó a medio metro del agua, "no te asustes, ni te muevas. La serpiente va tras nosotros."

La serpiente seguía sacando su lengua bífida tratando de percibir nuestro movimiento. Su cabeza con sus grandes ojos negros se movía lentamente a derecha e izquierda buscando cualquier movimiento.

Se sumergió lentamente en el agua y se alejó de nosotros. Cogí una roca más grande y la dejé caer cerca de la serpiente.

Grité: "¡corre! ¡salgamos de aquí!"!"

En otra ocasión, Jeffrey, el pequeño Bubbie y yo caminábamos por el bosque buscando algo que hacer. Encontré una gran liana que bajaba de un roble. Me agarré a la liana y me columpié de un lado a otro gritando como Tarzán.

"Me toca columpiarme en la liana", gritó Jeffrey.

"No. Me toca a mí", gritó el pequeño Bubbie.

Jeffrey saltó a la liana agarrándose con las dos manos y se balanceó en una dirección diferente a la del árbol. Mientras se balanceaba en la liana, el pequeño Bubbie y yo vimos cómo una serpiente negra salía de un pequeño arbusto cercano al árbol y agarraba la pierna izquierda de Jeffrey. Él no tenía ni idea de que los dientes de la

Bubbie y Doodle Bug "Los luchadores de serpientes" Fighters"

serpiente estaban pegados a sus pantalones.

El pequeño Bubbie y yo gritamos, "Oye, llevas arrastrando una gran serpiente, la tienes en la pierna. ¡Mírala!"

174

Nuestro hogar ya nunca será el mismo

Me preguntaba: ¿cree Jeffrey que el pequeño Bubbie y yo estamos bromeando con esa serpiente que le cuelga de la pernera del pantalón?

Jeffrey se reía mientras seguía balanceándose de un lado a otro de la liana. El pequeño Bubbie se reía porque Jeffrey pensaba que estábamos mintiendo sobre la serpiente.

Yo decía: "cuando vea esa gran serpiente negra colgando de sus pantalones, se va a mear encima".

Jeffrey finalmente miró hacia abajo para ver lo que colgaba de sus pantalones. Su cara se puso blanca y pálida. Gritó muy fuerte y saltó de la liana. Corriendo alrededor del árbol, intentó varias veces sacudirse la serpiente de la pernera del pantalón.

El pequeño Bubbie y yo le gritamos: "tienes que sacudir la pierna muy rápido para que se caiga la serpiente de tu pantalón".

Finalmente, la serpiente cayó. El pequeño Bubbie y yo nos quedamos mirando la serpiente negra. Tenía una cola puntiaguda.

Pensé: "esta serpiente no es venenosa.

La serpiente chupadora desapareció lentamente entre la espesa y densa hierba.

"Levántame la pierna del pantalón. Quiero ver si la serpiente me ha mordido en la pierna", gritó Jeffrey.

De repente, se me ocurrió una idea divertida y le susurré al pequeño Bubbie: "es una serpiente chupadora. No es venenosa".

Sin decirle a Jeffrey que la serpiente no era venenosa, le levanté rápidamente la pernera del pantalón.

Jeffrey nos gritó: "¿veis alguna mordedura de serpiente en mi piel?".

El pequeño Bubbie se inclinó sobre mi hombro y gritó: "sí, veo mordeduras de serpiente".

"Oye Jeffrey, veo pequeñas mordeduras de dientes justo aquí debajo de tu rodilla. Túmbate en el suelo y no te muevas".

Empujé a Jeffrey al suelo y le grité: "tengo que cortar sobre la mordedura para succionar el veneno. Si no lo hago, vas a morir como Bola de Nieve. El pequeña Bubbie te va a sujetar la pierna para que yo pueda hacer los cortes".

Metí la mano en mi bolsillo izquierdo y saqué mi "cuchillo Buck" de Marlow. "No te muevas. Te voy a cortar ahora"."

Nuestro hogar ya nunca será el mismo

Cuando estaba a punto de cortar la piel de Jeffrey cerca de la falsa mordedura de serpiente, me dio una patada en el estómago. Caí de espaldas al suelo. Luego pateó al pequeño Bubbie.

Jeffrey se levantó del suelo como un sapo y echó a correr como un perro que lleva latas atadas a la cola. Lloraba y gritaba corriendo hacia la casa.

El pequeño Bubbie y yo le gritamos: "no corras. El veneno te matará seguro".

Pensaba: esta es una gran vida, vivir en Big Plum Creek. Jugar en los arroyos y bosques es mejor que los parques y visitar el zoológico en la ciudad. No hay niños de la ciudad que se peleen. Estoy disfrutando de esta vida en el campo con mis hermanos y hermanas.

Capítulo 35

La vida de mamá: estar aseados y alimentados

Mantenernos limpios y alimentados era la vida de mamá. Compraba la mayoría de nuestra ropa en tiendas de segunda mano o la conseguía en la iglesia. Se aseguraba de que nuestra ropa estuviera siempre limpia cuando íbamos a la iglesia y a la escuela. Mamá decía: "se puede ser pobre, pero hay que estar limpio".

Mamá trabajaba mucho lavando la ropa a mano en una bañera, cocinando en una estufa de madera, planchando, limpiando y cuidando de nosotros todos los días. Hacía dos comidas al día, el desayuno y la cena temprano. No teníamos muchas cosas de la tienda, pero siempre había comida en la mesa, sobre todo judías blancas y marrones, patatas, salsa de agua y pan de maíz. Seguía haciendo bocadillos de patatas para nuestros almuerzos cuando no íbamos a la escuela de Taylorsville. Cuando tenía suficiente

Mamá con treinta años

Nuestro hogar ya nunca será el mismo

dinero, comíamos bocadillos de mantequilla de cacahuete y

mermelada de mora.

Larry Ray Hardin and Dianne DeMille, PhD

Capítulo 36

Monaguillos católicos

Más tarde, mamá quizo que fuéramos a una iglesia católica. La más cercana era la Iglesia Católica de San José en Taylorsville, alrededor de 20 kilometros desde casa.

La iglesia católica de todos los Santos, Taylorsville

Debra Jean le preguntó a mamá: "¿está demasiado lejos para ir andando a la iglesia?"

En Big Plum Creek, sólo había iglesias bautistas. Me preguntaba; mamá no sabe conducir un coche. Está demasiado lejos para que vayamos andando a Taylorsville. ¿Nos quedamos en casa los domingos con papá? Puedo ir a pescar con él.

Cuando mamá se sacó el carnet de conducir, papá le dio su viejo Chevy negro de cuatro puertas. Empezó a llevarnos a la iglesia todos los domingos por la mañana para ir a misa.

Más tarde, mamá le dijo al cura que éramos buenos chicos católicos. Poco después, Jeffrey y yo nos hicimos monaguillos para ayudar al cura en la misa del domingo por la mañana.

El pequeño Bubbie preguntó "mamá, ¿por qué no puedo ser monaguillo?"

Un domingo, Jeffrey y yo nos pusimos una túnica larga negra. La túnica parecía un vestido que nos llegaba a las rodillas. Luego, una prenda superior blanca sobre nuestros hombros.

Jeffrey dijo: "nunca me había puesto un vestido negro".

Jeffrey me miró y dijo: " el pequeño Bubbie y el bebé Doodle Bug se están riendo de nosotros. Creen que nos estamos vistiendo como nuestras hermanas".

Antes de que empezara la misa, el cura nos explicó: "vosotros, chicos, encended primero las velas del altar. Yo me encargaré de llenar las dos copas de vino. Después de la misa, si sobra vino, me encargaré de ello. Además, tenéis que apagar las velas cuando termine la misa. ¿Alguna pregunta?"

¿Quién enciende las velas primero? ¿Larry Ray o yo?", preguntó Jeffrey.

Nuestro hogar ya nunca será el mismo

Me preguntaba: ¿sabe el cura que Jeffrey ya ha probado el vino del armario?

"Jeffrey, escúchame bien. Vamos a ser buenos monaguillos. Mamá va a estar muy orgullosa de nosotros. Cuando empiece el servicio de misa, tú y yo nos arrodillamos junto al sacerdote en el altar. Tengo una copa de vino tinto y otra de vino blanco para verter en la copa de oro. Sé exactamente cuándo levantarme y verter el vino rojo y el blanco en la copa para que el sacerdote lo beba", le expliqué.

Luego dije: "después de que el sacerdote beba el vino, te dará una suave patada en la pierna para que suenen las campanas. ¿Entiendes, Jeffrey?"

"Sí", respondió.

Al terminar la misa, el cura le preguntó a mamá: "¿pueden tus hijos ayudarme a ser monaguillos de nuevo el próximo domingo? Hicieron un gran trabajo".

"Sí, padre", dijo emocionada. Una vez que subimos al Chevy negro de mamá para ir a casa, ella dijo: " vosotros habéis hecho un buen trabajo ayudando al cura. Quiere que le ayudéis de nuevo el próximo domingo. Estoy muy orgullosa de vosotros".

De repente, de camino a casa tuve una idea malvada; voy a meter a Jeffrey en un lío con el cura el próximo domingo.

Ese domingo por la mañana, durante la misa, le susurré a Jeffrey: "el cura quiere que toques las campanas cuando empiece a decir la oración de cierre al final de la misa".

"No, no ha dicho eso".

"Sí, lo ha dicho".

Al final de la misa, el cura empezó a rezar en voz alta para que todos estuvieran a salvo al volver a casa y se vieran el próximo domingo por la mañana. Inmediatamente, Jeffrey empezó a tocar las campanas.

El cura se giró rápidamente, mirando a Jeffrey.

Le susurré: "puedes dejar de tocar las campanas".

Pensaba: "¡vaya! realmente está tocando las campanas. Es demasiado tarde. No puedo evitar que las toque.

Jeffrey siguió tocando las campanas y me miró sonriendo. Le susurré: "será mejor que deje de tocar las campanas".

Nuestro hogar ya nunca será el mismo

"¿Por qué? creo que al cura y a todos los demás les gusta oír las campanas", dijo.

El cura se dirigió rápidamente hacia donde estaba arrodillado Jeffrey. Entonces le dio una patada a Jeffrey en la pierna.

Jeffrey gritó: "¡Ay! no me des una patada en la pierna, me duele. Estoy tocando las campanas muy fuerte. Larry Ray dijo que querías que tocara las campanas".

El sacerdote volvió a patear a Jeffrey en la pierna para que dejara de tocar las campanas.

Él gritó más fuerte: "deja de patearme. Estoy tocando las campanas".

Le susurré a Jeffrey: "es una broma. Deja de tocar las campanas".

Finalmente, la última patada fuerte del cura en la pierna de Jeffrey hizo que dejara de tocar las campanas.

Me pregunté: ¿volverá el cura a pedirle a mamá que sus hijos ayuden en la misa del domingo? Tengo que preguntarle después, ¿seguimos siendo monaguillos?

Varios años después, mamá escuchó en la televisión que algunos sacerdotes abusaban de los monaguillos. Preguntó: "¿algún cura se comportó de forma extraña con vosotros, chicos? Ya sabéis, como tocaros y deciros que hagáis algo desagradable".

"No. Nunca nos pasó", contestamos Jeffrey y yo.

Capítulo 37

Haciendo pipí por la ventana del dormitorio nuevo

La vieja casa del Sr. Harry tenía una cocina, una cama en el salón para mamá y papá, y otro pequeño dormitorio para mí y mis hermanos.

El bebé Doodle Bug y el pequeño Bubbie tenían una edad muy cercana. Se peleaban la mayor parte del tiempo, incluso cuando dormían con Jeffrey y conmigo en nuestra vieja cama de plumas. Mis hermanas dormían juntas en otra cama de plumas.

Normalmente, cuando papá, mis hermanos y yo teníamos que hacer pis, salíamos al porche. Pero para hacer caca, teníamos que correr hasta el pequeño arroyo.

Al segundo año, el Sr. Harry finalmente construyó otro dormitorio para nosotros. La nueva habitación de los chicos no tenía armario ni puerta, pero sí una pequeña ventana. Mamá puso nuestra ropa en una caja de cartón y la metió debajo de la cama. Puso una cortina en el lugar donde debía estar la puerta y sobre la ventana.

Teníamos un orinal debajo de la cama. Mis hermanos y yo odiábamos usar ese orinal cuando estaba muy oscuro, hacía frio, y llovía para ir andando al retrete o al pequeño arroyo. No me gustaba hacer pipí en el orinal, pero lo hacía. Si tenía que hacer caca, iba al pequeño arroyo. No quería ir al apestoso retrete.

Una noche no quise salir de la cama caliente y usar el orinal. También me daba pereza ponerme la ropa y salir a orinar. Estaba tumbado en la cama pensando en cómo podía esperar hasta la mañana siguiente para hacer pis. Miré la pequeña ventana que había sobre mi cabeza. Entonces empecé a mirar fijamente a la ventana.

Inmediatamente, me levanté de la cama y empecé a orinar por la ventana. Perfecto, encontré un lugar para orinar.

Cuando Jeffrey empezó a verme de pie en la cama y orinando por la ventana, decidió hacerlo también. A veces, lo hacíamos por diversión. Queríamos ver quién podía orinar más lejos en la hierba y llegar al arbusto desde la ventana.

Nuestro hogar ya nunca será el mismo

Bubbie y Doodle Bug nos miraban y luego querían orinar por la ventana. Pero eran demasiado pequeños para alcanzar la ventana del dormitorio. Tuvieron que usar el cubo.

Jeffrey y yo continuamos orinando por la ventana del dormitorio hasta que el olor a orina en la pared debajo de la ventana era muy fuerte.

Al cabo de un tiempo, mamá cambió las cortinas de la ventana del dormitorio del niño cuando percibió el fuerte olor a pis. Encontró el apestoso olor a orina en la pared debajo de la ventana y se enteró por uno de nuestros hermanitos que éramos Jeffrey y yo los que orinábamos por la ventana.

Una noche, cuando mamá salió a pasear, vio que el pis salía por la ventana. Gritó: "deja de orinar por la ventana. Se lo voy a decir a tu padre".

Yo grité desde el interior de nuestra habitación: "¡mamá, es Jeffrey!"

Él gritó: "no, mamá, no soy yo. Fue Larry Ray. Se ha meado por la ventana".

Después de que papá nos azotara a Jeffrey y a mí en las nalgas y las piernas con su cinturón, empezamos a usar el orinal que teníamos debajo de la cama. A veces, cuando estaba oscuro, hacía frío y llovía, mis hermanos y yo orinábamos por la puerta de la cocina trasera, no en el maloliente retrete. Con el tiempo, tuvimos que dejar de hacerlo por el olor apestoso de la puerta de la cocina. Mis hermanos y yo empezamos a utilizar el bosque y el pequeño arroyo que había detrás del maloliente retrete para hacer pis y caca.

A Jeffrey no le gustaba usar el orinal por la noche y empezó a orinarse en la cama de nuevo. Papá le pegaba, pero eso no lo detenía.

En verano, mis hermanos y yo utilizábamos los arroyos y estanques cercanos para lavarnos, asegurándonos de que nuestros culos y otras partes íntimas estuviesen. Odiaba oler culos sucios, sobre todo en la cama.

El apestoso retrete que había junto al pequeño arroyo siguió siendo el mismo durante cinco años. Apestoso y asqueroso en un caluroso y húmedo día de verano.

Nuestro hogar ya nunca será el mismo

Por eso el bosque era mi retrete y usaba el arroyo para lavarme las manos.

Larry Ray Hardin and Dianne DeMille, PhD

Capítulo 38

Nos gritaban y suplicaban

Papá nos azotaba con "varas" y su cinturón. Esperaba a que estuviéramos en la cama para azotarnos por no escuchar a mamá cuando decía que dejáramos de pelearnos. Mamá nunca nos azotó, sólo gritaba: "esperen a que vuestro padre llegue a casa".

Mis azotes eran normalmente por pelearme con mis hermanos y hermanas. Mientras me azotaba, yo gritaba y le rogaba, "no lo volveré a hacer de nuevo, lo prometo."

Pero continuaba pegándoles a Jeffrey, Brenda

Larry Ray y Jeffrey Dewayne

Sue, y a veces a Linda Lou. Los otros hermanos y hermanas eran todavía muy pequeños para pegarles.

También recibía los azotes de papá si alguien maltrataba a mis hermanos y hermanas en la escuela. Los protegía de los matones.

La mayoría de las veces, Brenda Sue solía defender a sus hermanas cuando se peleaban con otras chicas, y yo a mis hermanos si se peleaban con otros chicos.

Un día estaba viendo a Elvis Presley bailando en la TV. Movía las caderas y los pies en diferentes direcciones.

Larry Ray bailando twist

Y me preguntaba; *quizás pueda bailar como Elvis. Puede que me ayude a evitar los duros golpes de la vara de papá y de su cinturón si muevo las caderas y los pies más rápido.*

Más adelante, cuando papá me azotaba, gritaba y lloraba. Luego empecé a mover las caderas y los pies como 'Elvis Presley'. ¡Vaya! Me libraba de muchos golpes directos del cinturón de papá.

Pensaba: cuanto más rápido gire las caderas y los pies cuando papá me esté azotando, menos dolor sentiré. Podría fingir algo de dolor haciendo el 'baile del twist de Elvis' mientras papá me golpea en el trasero y las piernas.

Nuestro hogar ya nunca será el mismo

Más tarde le enseñé a Jeffrey a hacer el "baile del twist de Elvis". Le expliqué: "mientras papá te esté azotando, el baile te ayuda a no recibir muchos golpes en el trasero y las piernas. Sigue gritando y llorando mientras mueves las caderas y los pies más rápido".

Un día Jeffrey gritó como si papá lo estuviera matando con el cinturón. El pequeño Bubbie y el bebé Doodle Bug se reían de que Jeffrey moviera las caderas y los pies tan rápido mientras papá intentaba pegarle en el culo y en las piernas. Cada vez que papá le pegaba en el trasero y las piernas, Brenda Sue y Linda Lou gritaban: "parece que está bailando el 'Twist', como tú Larry Ray".

Brenda Sue y Linda Lou bailaban como pollos sin cabeza y gritaban como gatas salvajes en el bosque cuando recibían una paliza de papá. Con todo ese baile y esos gritos, se podría pensar que Brenda Sue y Linda Lou estarían llorando durante varios días. Pero después de los azotes, salían corriendo a jugar en el bosque o en el pequeño arroyo.

Debbie Jean le rogaba a papá que no la azotara. No la azotaba muy fuerte, tal vez un par de latigazos en las piernas.

Debbie Jean siempre nos decía: "Papá no me azotará tan fuerte porque soy pelirroja como él". Tenía el pelo rojo oscuro como el de papá. Tal vez era el pelo rojo de Debbie Jean lo que impedía que él la azotara muy a menudo.

Sharon Geneva aprendió a quedarse callada cuando papá nos azotaba a los demás. Era una buena hermanita la mayor parte del tiempo mientras se chupaba los dos dedos. Era una niña mala y obstinada cuando no se salía con la suya en casa y en la escuela.

El pequeño Bubbie y el bebé Doodle Bug miraban y a veces se reían de todo el drama del resto de nosotros recibiendo nuestros azotes diarios. Aunque el pequeño Bubbie y el bebé Doodle Bug nunca recibieron una paliza de papá, aprendieron a hacer el "Baile del twist de Elvis Presley". como Jeffrey y yo.

Capítulo 39

No respira

Una mañana temprano, papá nos preguntó a Jeffrey y a mí: "¿queréis ir a pescar?".

Yo respondí: "sí".

Jeffrey negó con la cabeza: "no".

Papá le dijo a mamá: "Larry Ray y yo nos vamos a pescar a la granja de Noah Moore.

Volveremos cuando pase un rato".

Al final de la tarde, papá y yo volvimos a casa sin pescar nada. Papá se dio cuenta de que la tapa de la gasolina de su Chevy rojo y blanco de cuatro puertas de 1956 estaba abierta. Me preguntó, "¿por qué está abierta la tapa de la gasolina del coche y hay una manguera de goma de jardín tirada en el suelo?

"Supongo que tal vez Jeffrey cogió gasolina para el cortacésped".

"Jeffrey no debería dejar la manguera de goma en el suelo. Daniel podría usar la manguera para intentar chupar gasolina", dijo papá.

Brenda Sue y Linda Lou salieron corriendo y llorando para explicar a papá lo que le había pasado a Daniel. Linda Lou dijo: "eché un vistazo fuera y vi a Daniel tumbado de espaldas en el suelo junto a tu coche. Llamé a mamá a gritos porque algo le había pasado a Daniel. Salí corriendo y mamá me siguió. Entonces mamá gritó diciendo que no respiraba".

Brenda Sue dijo: "la cara de Daniel se estaba poniendo lentamente azul. Olía a gasolina. Mamá empezó a hacerle el boca boca a Daniel hasta que pudo respirar por sí mismo".

Entonces Linda Lou dijo: "papá, ha chupado algo de gasolina de tu coche. Ahí está la manguera de goma en el suelo que usó para chupar la gasolina".

"Mamá dijo que Daniel se tragó un poco de gasolina. Me dijo que me quedara aquí y lo vigilara. Entonces mamá empezó a correr hasta la casa del Sr. Harry para usar el teléfono y llamar a la abuela Hardin para que alguien la llevara a ella y a Daniel a ver al Doctor Skaggs," dijo Linda Lou.

Linda Lou dijo que le gritó a mamá que Daniel no respiraba. Mamá volvió rápidamente y lo cogió en brazos. El

198

comenzó a respirar de nuevo por la boca. Cuando empezó a respirar, mamá dijo que volvería en unos minutos.

Después de unos minutos, mamá volvió y vio que Daniel Bug respiraba un poco. Más tarde, el tío Ronald (el hermano pequeño de papá) llegó. Mamá se agachó y levantó a Daniel del suelo y lo llevó al coche del tío Ronald.

Esa misma tarde, el tío Ronald dejó a mamá y a Daniel con el doctor. Papá, mis hermanos y yo estábamos fuera esperando a que volvíeran de casa del doctor Skaggs.

Mamá se acercó a la casa cogiendo la mano de Daniel. Mis hermanas y Bubbie corrieron a abrazarlo. Jeffrey dijo: "supongo que te has bebido demasiada gasolina del coche de papá. ¿Has dejado gasolina en el coche?".

Doodle Bug se rió y corrió dentro de la casa con el pequeño Bubbie.

Mamá le dijo a papá: "Daniel os vio a tí, a Larry Ray y a Jeffrey usando esa manguera de goma para chupar la gasolina del coche para el cortacésped". El Doctor Skaggs dijo, "él chupó de la

Mamá y Doodle Bug

manguera hasta que se le llenó la boca de gasolina. En lugar de escupirla por la boca, se la tragó. Su chico se va a poner bien."

Doodle Bug tenía casi tres años cuando esto ocurrió.

Capítulo 40

Pescado frito y ancas de rana

En verano, Jeffrey, Bubbie, Doodle Bug, y yo aprendimos a nadar en el arroyo de Noah Moore. No había casas en la zona cercana a donde nos bañábamos en el arroyo. Antes de saltar con el "culo al aire" al agua del arroyo para bañarnos, nos asegurábamos de que no hubiese serpientes esperando para mordernos.

Bubbie, Debra Jean, y Doodle Bug

A veces tenía que expulsar algunas serpientes del agua para que pudiéramos nadar sin que nos mordieran. Bubbie y Doodle Bug disfrutaban persiguiendo y luchando contra las serpientes con palos y piedras. Matábamos muchas serpientes en el arroyo de Noah Moore. Algunas de las serpientes eran "bocas de algodón," muy venenosas.

En varias ocasiones, Jeffrey, yo y nuestros compañeros de colegio, Joey, Russell y Barry, de Big Plum Creek, íbamos de camping por la noche.

Acampábamos en la antigua granja de RT Jenny, en la granja de Barry y, a veces, en el arroyo de Noah Moore.

No importaba dónde acampáramos Jeffrey y yo con nuestros compañeros, siempre era junto a un estanque, un lago o un arroyo. En cuanto montábamos la tienda de campaña, cogíamos leña y buscábamos un lugar para hacer fuego, después, nos metíamos en el agua "desnudos como pájaros sin plumas".

Después de nadar un rato, nos poníamos a pescar para cenar. Si no pescábamos, buscábamos ranas en la orilla. Pescado frito y ancas de rana eran lo mejor para comer si podíamos pescar. Varias veces tuvimos que pasar sin comer pescado o ancas de rana. Mamá tuvo el acierto de darnos perritos calientes y patatas fritas para comer antes de irnos de acampada para esas noches en las que no pescábamos nada.

Nuestro hogar ya nunca será el mismo

Después de sentarnos alrededor de la chimenea, comer perritos calientes, patatas fritas y contar historias de fantasmas, llegó el momento de meternos en la tienda.

En la tienda de Barry sólo podían dormir dos personas.

De las acampadas nocturnas anteriores aprendimos que podíamos apretarnos los cinco uno al lado del otro en la tienda de dos personas.

Jeffrey y yo estábamos casi encima del otro, mientras que los otros tres dormían muy cerca uno del otro.

Le advertí a Jeffrey que no nos orinara encima: "si esta noche nos orinas en la tienda, te voy a echar fuera para que te coman los perros salvajes".

"No os orinaré a todos. Lo prometo. Voy a orinar ahora mismo fuera, junto al cedro. Miradme", respondió. Todos le miramos fijamente para asegurarnos de que estaba orinando.

A la mañana siguiente, antes del amanecer, sentí algo frío y húmedo. De repente, todos salieron rápidamente de la tienda gritando, excepto Jeffrey.

Le grité, "lo has vuelto a hacer. Te orinaste encima nuestra."

El gritaba dentro de la tienda, "no he sido yo. Ha sido otro el que se ha orinado."

Capítulo 41

Olían a huevos podridos

La casa del Sr. Harry tenía agua de pozo sulfurosa. El agua olía a huevos podridos y apestosos, sobre todo en el caluroso y húmedo verano. En un día caluroso, apestaba tanto que tenía que pellizcarme la nariz al tragar el agua. El agua apestosa del pozo no era tan mala en los meses fríos de invierno. Mamá tenía que lavar nuestra ropa en el agua sulfurosa todos los días.

El tío JT vivía al otro lado de la calle, en otra de las casas del señor Harry. Era una vieja casa de dos habitaciones con un apestoso retrete. Detrás de la casa de JT estaba el arroyo de Big Plum. JT no tenía agua de pozo. Mi familia compartía el agua de pozo sulfurosa del exterior con el tío JT y sus tres hijas, pero no nuestro apestoso retrete.

Al tío JT le encantaba beber el agua sulfurosa del pozo. A menudo nos sonreía diciendo: "es buena para vosotros. Os mantiene jóvenes y sanos".

Larry Ray Hardin and Dianne DeMille, PhD

Capítulo 42

Estaba oscuro y hacía frío afuera

Una noche fría de noviembre, Jeffrey y yo nos olvidamos de coger el agua de pozo sulfurosa de mamá antes de irnos a la cama. Ella la necesitaba para lavar la ropa al día siguiente.

A eso de las 4:30 de la mañana, papá gritó: "salid de la cama y traed el agua para vuestra madre".

Papá no tuvo que gritar una segunda vez. Jeffrey y yo saltamos de la cama como ranas, nos pusimos la ropa y salimos corriendo en la fría oscuridad de la madrugada con dos cubos vacíos. El camino de tierra hacia el pozo estaba congelado por el hielo. No podíamos correr hasta el pozo sin resbalar y caernos al suelo. Cuando agarré el mango de la bomba de hierro frío del pozo, el agua dentro de la bomba manual estaba casi congelada.

Intenté mantenerme caliente, con una mano sujetando mi chaqueta alrededor del pecho. Me faltaban algunos botones de la chaqueta. Así que bombeé el agua fría con la otra mano. Jeffrey estaba muy cerca de mí. Estaba tan cerca que sentía su aliento soplando en mi oreja.

Jeffrey estaba esperando a que le diera el cubo de agua. Susurró: "date prisa, Larry Ray. Tengo frío y miedo a la oscuridad".

Le pregunté: "¿por qué tienes miedo? pequeña gallina. Nadie va a hacernos daño".

"Podría ver un fantasma sin cabeza", dijo.

"No existen los fantasmas sin cabeza. Si viéramos un fantasma, lo perseguiría por donde vino".

Le di a Jeffrey un cubo lleno de agua apestosa e intenté llenar otro cubo hasta que me gritó al oído derecho. Me giré y le miré a la cara para ver por qué me gritaba. Entonces volvió a gritar más fuerte y dejó caer el cubo de agua sobre la tierra helada.

"Jeffrey, ¿qué pasa? ¿qué has visto?" grité.

Pedía a gritos que papá nos ayudara. De repente, echó a correr y a gritar tan rápido como pudo, como un perro persiguiendo a un mapache. Corría, resbalaba y se caía en la tierra húmeda y congelada hasta desaparecer en la oscuridad.

No sabía lo que le pasaba a Jeffrey. Entonces oí algo detrás mía que hacía ruidos extraños. Me volví despacio para ver qué era.

¡Vaya! estaba mirando un fantasma blanco sin cabeza de pie junto a la pila de carbón. Me sorprendió ver a un fantasma gritando. Me quedé mirando al fantasma sin cabeza agitando los brazos en el aire y profiriendo extraños gritos en la fría oscuridad de la mañana. ¡Estaba flipando! ¡Las historias de fantasmas sin cabeza de mamá eran ciertas! No podía mover mi cuerpo para correr. Mis pies estaban congelados en el suelo.

Necesitaba correr y alejarme de ese fantasma sin cabeza, así que dejé caer mi cubo de agua parcialmente lleno y seguí a Jeffrey por el resbaladizo camino hacia la casa. Intenté correr pero el agua del suelo me hizo resbalar y caer.

Me tumbé en la fría y húmeda tierra congelada pidiendo ayuda a gritos. Luego grité para que papá me ayudara. Mientras intentaba levantarme de la tierra húmeda y embarrada, miré a mi alrededor y vi al fantasma sin cabeza gritando que volaba hacia mí.

El fantasma sin cabeza me va a llevar al bosque y me va a matar.

Estaba asustado y pensaba: ¿dónde está Jeffrey? ¿se lo ha llevado el fantasma?

Finalmente me levanté del suelo y salí corriendo hacia la casa gritando, con las manos en alto. Seguí gritando para que papá me ayudara. Me giré para ver si el fantasma me seguía. Entonces vi a mi papá quitándose una sábana blanca. Oí a mamá, a mis hermanas y a mis hermanos reírse dentro de la casa.

Mamá continuó contando historias de fantasmas sin cabeza a mis hermanos y hermanas que escuchó de su mamá y familiares que vivían en New Haven, Kentucky.

Después del incidente de la fría madrugada, nunca más creí en las historias de fantasmas de mamá, especialmente en los fantasmas sin cabeza.

Capítulo 43

Lassie

Brenda Sue, Linda Lou y Debra Jean vieron a una perrita buscando comida cerca de la tienda RT Jenny. Era una perrita collie marrón perdida que vagaba por Big Plum Creek. Se acercó lentamente a mis hermanas sin miedo. En ese momento mis hermanas gritaron emocionadas: "¡hemos encontrado a Lassie!".

Supongo que mis hermanas pensaron que la perrita se parecía a Lassie de la TV. Siguió a mis hermanas hasta casa. Viviendo con nosotros, Lassie se sentía segura y ya no tenía hambre.

Un día Jeffrey gritó: "¡Eh, Larry Ray! cuando el autobús escolar se detenga para dejarnos en casa, vamos a buscar botellas de refresco vacías por la carretera de Big Plum Creek. Quizá podamos encontrar suficientes botellas para venderlas en la tienda de RT".

Pensé: ¿podemos encontrar tres botellas y venderlas por cinco céntimos cada una a RT? Eso podría ser suficiente para dos Big Reds y dos bolsas de cacahuetes salados."

El autobús escolar finalmente se detuvo cerca de nuestro buzón, frente a la antigua casa del Sr. Harry. El conductor del autobús, el Sr. McGee, gritó: "Hardin baja del autobús".

Mis hermanas saltaron primero del autobús seguidas por Jeffrey, Bubbie y yo. Mis hermanas gritaron: "Lassie. ¿dónde estás?"

Lassie siempre esperaba cerca del buzón a mis hermanas después de la escuela. Movía su cola emocionada mientras mis hermanas le daban palmaditas en la espalda. Cuanto más rápido movía la cola, más emocionada estaba. Lassie echaba de menos a mis hermanas cuando se iban al colegio. Quería jugar con ellas.

Me preguntaba: es extraño que Lassie no esté aquí esperando a mis hermanas. ¿Por qué nos espera mamá en lugar de Lassie?

Después de que el viejo Sr. McGee se alejó, mamá dijo, "chicos debéis saber que Lassie se ha ido. Está muerta. Un tractor de granja la atropelló".

Mis hermanas empezaron a gritar y a llorar: "¡no, mamá! ¿qué le pasó a Lassie? ¿dónde está?"

Nuestro hogar ya nunca será el mismo

Todos seguimos de cerca a mamá hasta una manta marrón descolorida. Ella levantó la manta. Lassie estaba tumbada en el suelo, sin moverse.

Le pregunté a mamá: "Lassie no se mueve pero su estómago sí. ¿Iba a tener cachorros?"

Mamá dijo: "Sí".

Mis hermanas gritaron pidiendo que Lassie no muriera. De pie sobre el cuerpo de Lassie, mis hermanas gritaron en voz alta diciendo: "¡levántate, Lassie!". Se agacharon y empezaron a frotar a Lassie. Luego corrieron a la casa llorando.

Mamá volvió a poner la manta encima de Lassie.

"Tú y Jeffrey id a enterrar a Lassie en el bosque. Jeffrey coge la carretilla roja", dijo mamá. Luego se dirigió hacia la casa llorando y llevando de la mano a Doodle Bug.

Jeffrey y yo recogimos con cuidado a nuestra perrita Lassie del frío suelo. La manta cayó al suelo. Luego la acostamos en la carretilla. Bubbie intentó poner la manta encima de ella. No me di cuenta de que Bubbie estaba de pie junto a nosotros.

Miré por encima de mi hombro y vi a mamá llorando mientras iba a casa con Doodle Bug. Jeffrey, Bubbie y yo oímos a mis hermanas llorar y gritar dentro de la casa. Bubbie me preguntó: "¿puedo ir yo también?". Sólo tenía seis años.

Le dije: "tienes que quedarte en casa y cuidar de mamá, de nuestras hermanas y de Doodle Bug".

Jeffrey tiró lentamente de la carretilla roja hacia el bosque que había detrás de la casa. Yo le seguía de cerca con la mano encima de la manta. A poca distancia de la casa, encontramos un sitio.

Enterramos a Lassie en la granja de RT Jenny.

Lloré y le dije: "¿quieres enterrarla aquí, en este hoyo?". Jeffrey lloraba y asintió con la cabeza: "Sí".

Después de colocar el cuerpo de Lassie en el hoyo, la cubrimos con piedras. Ambos nos quedamos de pie junto a la tumba de Lassie llorando a gritos. Rezamos la oración del Señor, "Padre nuestro que estás en los cielos".

Cuando regresamos a casa, mamá nos dijo que un tractor agrícola había atropellado a Lassie junto al buzón. Nos explicó:

"Un chico de Warner que conducía un tractor me gritó y dijo que había atropellado accidentalmente a nuestra perrita. Luego dijo que la perrita estaba muerta".

Mamá continuó: "el chico de los Warner me ayudó a recoger a Lassie de la carretera. Dijo que sentía haberla matado. Luego le pedí que me ayudara a llevarla hasta el árbol junto a la casa. Pusimos a Lassie junto al olmo y le dije que se marchase antes de que mis hijos se bajaran del autobús escolar".

Luego mamá puso una manta encima de Lassie.

Le pregunté: "¿cómo se llamaba el chico que conducía el tractor? ¿dónde vive?"

"Es un chico de Warner que vive cerca, en Big Plum Creek" dijo mamá.

Mamá dijo, "Lassie está muerta. Fue un accidente". Mis hermanas y hermanos pequeños amaban a Lassie. Ella también los quería.

Todavía echaba de menos a Bola de Nieve, mi pequeño fantasma. Pero quería a Lassie y también la echaré de menos. Hasta luego Lassie.

Larry Ray Hardin and Dianne DeMille, PhD

Capítulo 44

No tengas miedo

Después de la muerte de Lassie, papá llegó a casa con un hermoso perro negro de raza pastor alemán. Tenía una cuerda alrededor del cuello. Me dijo: "Larry Ray, ata al perro al viejo olmo que hay frente a la casa".

Jeffrey y yo le preguntamos a papá: "¿cómo se llama? ¿qué clase de perro es? ¿es nuestro?"

"Se llama Pepper, es un pastor alemán. Y es vuestro perro", dijo papá.

Mamá preguntó: "Junior, tú tienes un perro sabueso Beagle. Desde que murió Lassie, creo que los niños no quieren otro perro. Pero, ¿por qué un perro como éste? Parece malo".

"Tengo este pastor alemán para proteger a los niños. El Beagle es mi perro cazaconejos", le dijo papá.

Mis hermanos y yo empezamos a acariciar y frotar a Pepper. Por supuesto, el perro de caza de papá también quería que lo acariciaran. Unos días después, le pregunté a papá: "¿puedo quitarle la cuerda del cuello? cuidaré de el. Puede correr por el

bosque y jugar junto al arroyo con nosotros como hacía Lassie.

"De acuerdo. Asegúrate de que te escucha" contestó

Cuando los chicos íbamos a nadar

y a pescar a casa de Norah Moore, Pepper

venía con nosotros. Pero Debra Jean

quería estar cerca de Pepper. Cuando

Pepper no estaba conmigo, buscaba a

Debra Jean. Ella tenía un don con los

animales y Pepper lo sentía. Pepper nos

quería, pero a veces quería estar con

Debra Jean.

Debra Jean

Yo pensaba, *quizás Debra Jean le daba comida.*

Al igual que Lassie, Pepper nos protegía de cualquier

extraño o amigo que viniera a nuestra casa, especialmente por la

noche.

Un día, Jeffrey y yo estábamos fuera, por la mañana

temprano, jugando con palos que habíamos hecho a modo de

espadas. Debra Jean, Bubbie y Doodle Bug miraban mientras yo

218

pinchaba a Jeffrey en el estómago con mi espada de palo. Se cayó al suelo.

Grité: "levántate o te vuelvo a pinchar".

"Me has matado. No puedo levantarme", gritó.

De repente, oí que alguien gritaba a lo lejos: "eh, soy yo. Dile a tu perro negro que no me muerda".

Agitando mi mano, le grité: "¿eres tú Joey? No te preocupes Joey. Pepper no te morderá si no huyes de él".

Me pregunté: ¿dónde está Pepper? Entonces, lo vi acostado junto a los pies de Debra Jean.

Joey estaba en la carretera de Big Plum Creek caminando hacia nuestra casa. Venía a jugar con nosotros y también le gustaba ver a mis hermanas, especialmente a Debra Jean.

En una ocasión, Debra Jean dijo que Joey era malo con ella. Al día siguiente le di un puñetazo a Joey en el brazo.

"¿Por qué me has pegado en el brazo?", me preguntó.

"Porque te portas mal con mi hermana".

Joey se acercó lentamente a la casa agitando la mano hacia Debra Jean."

Dije: "Joey, camina despacio".

Miré a Pepper. De inmediato saltó junto a Debra Jean. Sus grandes orejas negras apuntaban directamente al aire y se concentraba en Joey como un perro de caza.

Le susurré a Joey: "camina lentamente hacia Debra Jean. Si Pepper camina hacia tí no te asustes. Hagas lo que hagas, no huyas de él".

Pepper se quedó mirando a Joey.

De repente, Debra Jean dijo: " cogedlo".

Pensé; ¿por qué Debra Jean le dijo eso a Pepper?

Pepper se acercó lentamente a Joey. "No corras. No corras", le dije en voz baja.

Joey se quedó mirando la boca abierta de Pepper. Vio los grandes dientes blancos y puntiagudos y se asustó. Vi el horror en la cara de Joey. Parecía la cara de Jeffrey cuando veía un fantasma sin cabeza.

Joey gritó, se dio la vuelta y salió corriendo de Pepper.

"No huyas de él. ¡Pepper, detente! Párate Pepper!" grité.

Nuestro hogar ya nunca será el mismo

Joey saltó a la carretera de Big Plum Creek como un conejo asustado huyendo del perro sabueso Beagle de papá. Supongo que Joey pensó que podía dejar atrás a Pepper. Mientras Joey corría, miraba por encima de su hombro izquierdo para ver a qué distancia estaba Pepper de él.

Cuando Joey vio que Pepper estaba a punto de saltar sobre su espalda, empezó a correr mucho más rápido. De repente, Pepper le mordió en el trasero. Joey gritó tan fuerte como un cerdito al que el abuelo Hardin le cortara las pelotas.

Pepper siguió intentando morder a Joey en el trasero.

¡Vaya! pensé: ¡Joey no puede dejar atrás a Pepper! pero lo estaba intentando.

Volví a gritarle a Pepper que dejara de morderlo. Finalmente, soltó el trasero de Joey y rápidamente se dio la vuelta y corrió hacia Debra Jean.

Joey lloraba mientras seguía corriendo por la carretera de Big Plum Creek. No podía ver a Joey, pero podía oírle mientras corría en dirección a su casa, a unos cinco kilómetros de distancia.

Estoy seguro de que corrió hacia su casa sin detenerse. Miré a Debra Jean. Pepper seguía de pie junto a ella.

Me preguntaba: ¿por qué se ríe Debra Jean? ¿por qué le da palmaditas en la espalda a Pepper?

Ya por la tarde, el padre de Joey, Joe Cundiff, vino a nuestra casa con el Sheriff de Taylorsville, John Waterfield, y se reunió con papá fuera. El Sheriff Waterfield era nuestro vecino que vivía a unos seis kilómetros de nosotros en Big Plum Creek. El Sheriff y papá fueron buenos amigos durante muchos años.

Joe estaba molesto con papá porque nuestro perro mordió a su hijo en el trasero. "Tuve que llevar a Joey a la consulta del doctor Skaggs en Taylorsville", dijo.

"El doctor Skaggs le selló unos puntos en la piel y le puso a Joey una inyección antirrábica en el estómago". De pie junto a papá, pude ver a Joe mirando a Pepper.

Me preguntaba: *¿cree Joe que Pepper le va a morder en el culo? Espero que Joe y el Sheriff no huyan de Pepper. También esperaba que Debra Jean no le dijera, "atrápalos, Pepper".*

Nuestro hogar ya nunca será el mismo

Miraba a Debra Jean que estaba junto a mis otras hermanas y hermanos. Jeffrey le susurró a Debra Jean: "el Sheriff te va a encerrar. Vas a ir a la cárcel".

"Sí, vas a ir a la cárcel", dijeron Brenda Sue y Linda Lou. Debra Jean empezó a llorar y corrió de vuelta a la casa.

El Sheriff Waterfield le preguntó a papá: "¿tienes papeles que demuestren que el perro está vacunado contra la rabia?".

Papá respondió: "sí. Aquí están los papeles".

Mientras el Sheriff Waterfield miraba los papeles, papá dijo: "Joe, el perro estaba tratando de proteger a Debra Jean. Lamento que haya sucedido".

El Sheriff Waterfield dijo: "El doctor Skaggs le cobró a Joe cinco dólares por limpiar la piel desgarrada de Joey y las vacunas contra la rabia".

Papá le dijo: "lo siento John y Joe. El perro protege a las niñas. Joe, te pagaré más tarde".

Ya entrada la tarde, Joey fue a nuestra casa para mostrarnos lo que Pepper le hizo en su trasero. Saludó a Debra Jean.

"Bien. Veamos lo que Pepper le hizo a tu trasero", dijo Jeffrey.

Joey se bajó los pantalones para mostrarnos las marcas de los dientes de Pepper. "No tenéis que preocuparos por Pepper. No lo volverá a hacer", le dije.

"Oye Joey, ¿te has hecho pis y caca en los pantalones?", preguntó Jeffrey.

Entonces le di a Joey una espada de palo y le pinché en el estómago. Gritó: "¡Ay! Me duele el estómago. El viejo Skaggs me puso una inyección antirrábica. La aguja tenía doce centímetros de largo".

Capítulo 45

Sangre en la cara

Recuerdo un día que volvíamos a casa de hacer la compra en Louisville. Vi al viejo Sr. Harry de pie en nuestro patio delantero. Gritaba: "oye, Junior, el perro negro de tus hijos estaba persiguiendo a mis cerdos. Ese perro trató de comerse una de las patas del cerdo. El cerdo se está muriendo. He decidido no matar a tu perro negro hasta que llegues a casa".

Papá le dijo al Sr. Harry: "bien, muéstrame el cerdo que se está muriendo".

Mientras caminaban hacia la pocilga de los cerdos, el Sr. Harry le dijo a papá: "nunca he visto a un perro tratando de morder la pata de un cerdo vivo. El cerdo pesa más de 50 kilos. Pienso sacrificarlo pronto para comerlo durante el invierno. Junior, tu perro negro es malo", dijo el señor Harry.

Yo les seguía de cerca. Rezaba para que no fuera Pepper el que intentó morder la pata del cerdo.

Pensé con tristeza; *si Pepper lo hizo, papá lo matará rápidamente.*

Cuando llegué a la pocilga, vi inmediatamente un cerdo de tres patas. La pata trasera izquierda del cerdo era un hueso sin piel ni carne. Después de ver la pata del cerdo, papá me miró y dijo: "ve a buscar a Pepper".

Escuché al Sr. Harry decir: "lo siento por los niños".

Papá respondió: "te pagaré por el cerdo".

Pepper era un gran y hermoso pastor alemán negro al que queríamos y nos quería. Era inteligente y nos protegía a mis hermanos, hermanas y a mí de cualquiera que viniera a nuestra casa.

Mis hermanos y hermanas gritaban: "Pepper, Pepper ¿dónde estás?"

Yo me preguntaba: "¿dónde está Pepper? Siempre se emocionaba cuando volvíamos a casa. Pero no pudimos encontrarlo.

Jeffrey y Bubbie gritaron: "aquí está Pepper. Estaba escondido debajo de la casa".

Le grité a Pepper varias veces para que saliera de debajo de la casa. Finalmente salió con tierra por todas partes. Tenía sangre oscura y seca por toda la cara. Inmediatamente supe que Pepper había hecho algo malo al ver la sangre seca, pero no podía creer que intentase matar a uno de los cerdos del Sr. Harry.

Después de encontrar a Pepper, corrí a ver de qué hablaban papá y el señor Harry en la pocilga. De nuevo, me quedé mirando la pata trasera izquierda del cerdo.

Me dije: pobre cerdo. La pata estaba comida hasta el hueso. ¿Por qué Pepper se comió la pata? ¿tenía hambre?

El cerdo estaba vivo, pero moriría lentamente por la pérdida de sangre. Oí al Sr. Harry decir: "Junior, tienes que deshacerte de ese perro".

Intenté convencerme de que Pepper no lo había hecho, aunque tuviera sangre seca en la cara. Entonces oí a papá decir: "de acuerdo, Harry".

Papá y yo volvimos lentamente a nuestra casa. Papá no dijo ni una palabra sobre lo que Pepper le hizo al cerdo.

Una vez que volvimos a la casa, papá se quedó mirando la cara de Pepper cubierta de sangre seca. Luego me miró y dijo: "pon una cuerda alrededor del cuello de Pepper".

Papá entró lentamente en la casa."

Rezaba; *Pepper va a morir en los próximos minutos por morderle la pata al cerdo.*

Pepper miró fijamente a Jeffrey, Debra Jean y Bubbie mientras le ponía la cuerda alrededor del cuello. Creía que Pepper sabía que había hecho algo malo.

Papá volvió con mi regalo de Navidad, la escopeta de un solo cañón del calibre 20. No tuvo que decir por qué tenía la escopeta.

Cuando Jeffrey, Debra Jean, Bubbie y yo vimos la escopeta en la mano de papá, supimos que Pepper iba a morir pronto.

Papá me quitó la cuerda de las manos y Pepper le siguió lentamente hacia el bosque. De repente, Pepper se detuvo y se giró por última vez para mirarnos a Jeffrey, Debra Jean, Bubbie y a mí, como si dijera: "lo siento. Os quiero a todos. Adiós".

Papá tiró de la cuerda y Pepper le siguió lentamente hasta que desaparecieron en el oscuro bosque. Pepper no volvió a mirarnos.

Nuestro hogar ya nunca será el mismo

Y me preguntaba; *¿por qué quiso Pepper morder la pata del cerdo? ahora, va a morir por lo que hizo.*

Al ver a Pepper vivo por última vez, pensé en lo que decía el abuelo Hardin; *cuando un perro mata a una gallina o a cualquier otro animal de granja y prueba la sangre, ya no es buen perro. Y matará de nuevo.*

Nos quedamos mirando el oscuro bosque, rezando para que papá cambiara de opinión sobre Pepper y lo trajera de vuelta a casa con nosotros.

Después de unos minutos, oí un fuerte ruido de mi escopeta. Seguí rezando para que papá no matara a Pepper. De repente vi a papá saliendo del bosque sin Pepper.

Me decepcioné y pensé; papá no cambió de opinión. Vuelve a casa sin Pepper. Lo ha matado.

Debra Jean le preguntó a papá: "¿dónde está Pepper?"

Papá me dio la escopeta y dijo: "Pepper se ha ido".

Debra Jean entró corriendo en la casa.

No pude llorar por lo que Pepper le hizo en la pata al cerdo. Pero sí lloré porque siempre echaré de menos a Pepper.

Varios días después de la muerte de Pepper, Jeffrey, Bubbie y yo nos adentramos en el bosque buscando su cuerpo. No pudimos encontrar el árbol donde papá lo ató antes de dispararle en la cabeza.

Me preguntaba si los zorros, las comadrejas y otros animales salvajes habían encontrado el cuerpo de Pepper. Tal vez los buitres se lo comieron.

Yo tenía 14 años cuando Pepper murió. Papá nunca volvió a mencionar el nombre de Pepper.

Antes de que papá muriera en 2018, le pregunté por Pepper. Me dijo: "até a Pepper a un cedro y luego Pepper me miró lentamente".

Papá nunca dijo nada más sobre la muerte de Pepper.

Posteriormente, cuando trabajaba en la Administración para el Control de Drogas (DEA), recordé las palabras del abuelo Hardin sobre los animales que sabían a sangre cuando traté de entender el por qué un ser humano podía herir y matar a la gente.

Como agente de la DEA, aprendí persiguiendo a hombres a mujeres y niños malvados en las calles de Estados Unidos y otros países, que eran peores que los animales cuando empezaban a hacer daño y a matar por sus propias razones. Una vez que una mala persona ve lo fácil que es herir y matar a un ser humano inocente o inofensivo (el sabor del mal), ya sea un bebé, un niño, un adolescente, un adulto o una persona mayor, ellos continuarán para justificar sus malvadas creencias hasta que la justicia les pare.

Sin castigo penal, los humanos malvados harán daño y matarán, y matarán de nuevo hasta que actue rápido la justicia, como en el caso de Pepper.

Después de la muerte de Pepper, mis hermanos, hermanas y yo aprendimos de nuestros padres y parientes, y especialmente de la palabra de Dios que la vida continúa. Sin olvidar nunca nuestro amor por los demás y nuestra forma de vida en Big Plum Creek.

Sin que Pepper nos siguiera más, mis hermanos, hermanas y yo continuamos corriendo por el bosque y jugando en los arroyos de Big Plum Creek.

Más tarde, Jeffrey y yo aprendimos a "nadar como los perritos" en la charca de Noah Moore. Luego enseñamos a Bubbie y al pequeño Doodle Bug a nadar igual. Nos reíamos mucho cuando Bubbie y Doodle Bug empezaban a nadar como renacuajos.

Una vez que aprendimos a nadar, íbamos desnudos casi todos los días a la charca de Noah Moore durante el verano. Bubbie y el pequeño Doodle Bug también aprendieron rápidamente a matar serpientes sin que les mordieran el culo desnudo. También aprendieron a "caminar sobre el agua" huyendo de las serpientes más grandes y venenosas.

Estaba feliz y pensaba; *cuatro hermanos bañándose desnudos sin preocupaciones.*

Después de cinco años viviendo en casa del señor Harry, mis hermanas, hermanos y yo seguíamos echando de menos que Lassie y Pepper fueran a nadar con nosotros. A Lassie y Pepper les encantaba correr por el bosque, jugar en los estanques, lagos y arroyos con nosotros.

Chapter 46

Ella olía como una mofeta

Linda Lou tartamudeaba intentando explicar a mamá y al resto de los niños que una apestosa mofeta le orinó a Brenda Sue bajo la casa del árbol de los chicos. Dijo: "le orinaron cuando jugábamos en el bosque".

Jeffrey gritó inmediatamente: "la casa del árbol está prohibida para las niñas; es sólo para los niños"

Mamá dijo, "Jeffrey, ¡cállate! Linda Lou, ¿qué le ha pasado a Brenda Sue?"

Brenda Sue

Linda Lou explicó: "antes de que Brenda Sue empezara a subir a la casa del árbol de los chicos, dijo que necesitaba orinar. Fue detrás del árbol. Entonces saltó gritando: 'una mofeta me ha orinado'".

"Le grité a Brenda Sue. Le dije que había visto una mofeta pequeña saltar con la cola al aire y que le había rociado con pis. ¡oh, Dios mío!

233

apesta realmente mal. Le dije: "mamá te va a matar. Fui corriendo a contarle lo que había pasado".

Brenda Sue no se dio cuenta de que había orinado sobre la cría de mofeta acostada entre sus pies.

Estaba sorprendido y pensé; *¿no vio Brenda Sue la mofeta negra con una raya blanca desde la cabeza a la cola? La mofeta es el animal que huele peor del bosque.*

Mientras, Linda Lou seguía tartamudeando que Brenda Sue se orinó encima de la mofeta, mamá preguntó: "¿dónde está Brenda Sue?".

Bubbie gritó y señaló: "ahí está, saliendo del bosque".

Brenda Sue caminaba lentamente.

Mamá gritó: "¡detente! No te muevas. Puedo olerte desde aquí".

"No apesto, mamá", dijo ella riendo.

¡Vaya! Todos podíamos percibir el olor a pipí que llevaba Brenda Sue caminando hacia nosotros.

Mamá gritó: "quítate toda la ropa y ponla junto a ese viejo olmo. ¡Ya! ve al agua del arroyo y tiéndete allí. Ahora".

Nuestro hogar ya nunca será el mismo

Mamá le pellizcó la nariz y se acercó a Brenda Sue para darle jabón y champú. "Tienes que quedarte en el agua hasta que te quites el asqueroso olor a mofeta", le gritó, enfadada.

Entonces mamá cogió un palo largo y recogió la ropa de Brenda Sue y la puso en un pequeño hoyo cerca del olmo. "Tienes que quitarte el olor a mofeta antes de que papá llegue a casa", dijo.

Después de un par de horas, mamá le dijo a Brenda Sue que saliera del agua y se pusiera ropa limpia. Le dijo: "todavía apestas un poco a esa mofeta asquerosa".

Pensaba; *¿por qué sonrie Brenda Sue con el olor a mofeta que todavía tiene?*

Más tarde, cuando papá entró en la casa, dijo: "huelo a mofeta. Bubbie, Daniel, ¿y vosotros?"

Brenda Sue respondió rápidamente: "no. Ahora no huelo nada, papá".

Nadie dijo nada. Pero Bubbie y Doodle Bug se reían.

Papá preguntó: "¿por qué os reís, chicos? ¿Os ha rociado una mofeta?"

Dijeron: "no, papá". Entonces salieron corriendo.

Larry Ray Hardin and Dianne DeMille, PhD

Capítulo 47

Papa me matará si pierdes un dedo

El autobús escolar amarillo de Taylorsville paraba en la vieja casa del señor Harry para recoger a los niños de Hardin (siete de nosotros) cada día durante los meses de colegio. Mamá estaba muy contenta de vernos ir a la escuela y de estar sola con Doodle Bug en la vieja casa de tres habitaciones.

El autobús escolar amarillo era una oportunidad para que yo socializara y me peleara con los niños que vivían en Big Plum Creek y con los otros del vecindario. Si no me estaba peleando con los niños del autobús escolar, estaba gritando y chillando como todos los demás en el autobús.

Parecía que si había algún problema de travesuras y mal comportamiento en el autobús escolar, el Sr. McGee, sólo se centraba en los niños de Hardin, especialmente en Jeffrey y en mí. No entiendo el por qué el viejo Sr. McGee se centraba en nosotros cuando mamá decía que éramos buenos chicos.

Recordé un día en que el Sr. McGee nos dijo a Jeffrey y a mí que nos sentáramos detrás de él, para que pudiera observarnos de cerca desde su gran espejo que colgaba sobre su blanca y peluda cabeza. No entendía el por qué nos vigilaba a Jeffrey y a mí con tanta atención cuando los demás niños del autobús también gritaban y chillaban entre ellos. Supongo que Jeffrey y yo nos peleábamos demasiado entre nosotros y con los demás niños del autobús.

Nos sentamos detrás del Sr. McGee durante una semana mientras él nos observaba por su gran espejo. Yo me preguntaba *¿cree el Sr. McGee que Jeffrey y yo vamos a hacer alguna tontería en el autobús para que después el director de la escuela nos zurre y papá en casa después?*

Un día, cuando el Sr. McGee no me observaba de cerca desde su espejo. Dos chicos mayores me dieron un pequeño petardo rojo y una cerilla. Me pregunté: *¿por qué me darían un petardo y una cerilla?*

Los chicos mayores no dijeron nada, pero sonrieron. Jeffrey y yo estábamos sentados detrás del Sr. McGee y él no vio que los chicos mayores me daban el petardo y la cerilla.

Nuestro hogar ya nunca será el mismo

Estaba emocionado y pensaba; ¡Guau! *nunca he tenido un petardo. Cuando llegue a casa, voy a asustar a mis hermanas o a los cerdos del Sr. Harry.*

De repente, me vino a la cabeza un pensamiento maligno. Susurré al oído de Jeffrey. "oye, sujeta el petardo con la mano derecha. Cuando el autobús escolar se ponga en marcha y el viejo no nos esté mirando por el retrovisor, lo encenderé. No te olvides de tirarlo debajo del asiento de atrás, no hacia delante".

Le susurré: "Jeffrey tienes que soltar rápido el petardo de la mano porque te puede volar los dedos. Papá me mataría si perdíeras un dedo".

Miré lentamente hacia el Sr. McGee para ver si nos estaba observando. Me preguntaba; *¿cómo podía observarnos a nosotros, a los otros chicos y conducir el autobús escolar al mismo tiempo?* El Sr. McGee no sabía lo que pensaba hacer los próximos minutos.

Después de recorrer unos cuantos kilómetros por la carretera de Big Plum Creek y acercarme a la vieja casa del Sr. Harry, le susurré: "Jeffrey, recuerda que cuando encienda el petardo, no lo tires debajo del asiento del Sr. McGee. Tienes que tirarlo hacia atrás. No delante tuya".

Le repetí varias veces que tirara el petardo debajo del asiento de atrás.

Jeffrey dijo: "vale, lo entiendo. Estoy preparado".

Tenía el petardo en la mano derecha. Lo encendí sin problemas y le susurré: "Jeffrey no agarres el petardo, se está quemando, lánzalo ahora debajo del asiento de atrás. Si no lo haces, te explotará en la mano".

Jeffrey lo lanzó y antes de que pudiera decir: "al frente", el petardo fue a parar debajo del asiento del Sr. McGee.

La explosión fue fuerte, como cuando disparo mi escopeta del calibre 20. El fuerte ruido adormeció mis oídos. El Sr. McGee pisó los frenos y el autobús frenó haciendo un chirrido. Me di cuenta de que algunos de los niños volaban como pájaros hacia la parte delantera del autobús.

Cuando cesaron los gritos y los llantos, el Sr. McGee se levantó lentamente de su asiento. Nos miró fijamente a Jeffrey y a mí. Entonces miré rápidamente a Jeffrey y le pregunté: "¿qué ha pasado?".

Jeffrey se agachó y cogió la cerilla quemada del suelo. Fue una estupidez y pensé; *Jeffrey, no deberías haberla cogido.*

El Sr. McGee vio a Jeffrey con la cerilla quemada en la mano. Jeffrey empezó a gritar en voz alta: "no he sido yo, señor McGee. Le juro que no he sido yo".

Era demasiado tarde. El Sr. McGee agarró a Jeffrey del pelo y lo levantó de su asiento de un tirón. Jeffrey gritó por su vida, diciendo: "¡no sé nada de la cerilla! ¡yo no he hecho nada!"

Jeffrey lloraba y rogaba al viejo conductor del autobús escolar que no le pegara.

Pensaba; *Jeffrey tiene que callarse la boca.*

Mantuve la boca cerrada mientras Jeffrey seguía gritando. Bubbie se reía y les decía a nuestras hermanas y a los demás niños que había sido su hermano Larry Ray el que había tirado el petardo debajo del asiento del señor McGee.

Mis hermanas gritaron: "no, no fue Jeffrey. Fueron los chicos mayores".

Me asusté y pensé; *el Sr. McGee va a matar a Jeffrey. Si no lo hace él, lo hará papá ¿va a decir él que fui yo el que le dio el petardo? Le pegaré si dice que fui yo.*

El Sr. McGee sentó a Jeffrey en el asiento de un empujón. El viejo conductor del autobús estaba nervioso; le temblaban la cabeza y las manos. Nos dijo a Jeffrey y a mí que nos bajáramos del autobús.

Por suerte para nosotros, el autobús escolar amarillo se detuvo frente a la antigua casa del Sr. Harry. Jeffrey y yo saltamos del autobús. No tuvimos que caminar demasiado hasta la casa.

Aquella noche no les dije ni a papá ni a mamá lo que le había pasado a Jeffrey en el autobús escolar. Tampoco mi hermano pequeño Bubbie ni mis hermanas hablaron de ello. Si papá y mamá se hubieran enterado de lo que había pasado en el autobús, les daría una paliza a mis hermanas, pero no a Bubbie. Era demasiado pequeño.

Al día siguiente, en la escuela, los dos chicos mayores que me dieron el petardo y la cerilla, me dijeron que Jeffrey estaba gritando en la oficina del director de la escuela cuando le pegaron en el trasero con una paleta de nueve agujeros. Dijeron que su hermano nunca mencionó al director quién le había dado el petardo y la cerilla.

Más tarde, Jeffrey me contó en la cafetería de la escuela que el director le dio nueve azotes en el trasero con una paleta de madera. Me dijo: "papá pega mucho más fuerte que el director".

Pensaba; *Jeffrey estuvo en la oficina del director, le estaban pegando por tirar un petardo bajo el asiento del Sr. McGee. `¡Ojalá no hubiese cogido esa cerilla quemada del suelo! Yo podría haberme llevado los azotes.*

Me sentí orgulloso de Jeffrey por no contarle al director que yo le ayudé a encender el petardo y tirarlo debajo del asiento. Papá se enteró más tarde de lo ocurrido.

Me pregunté si Debbie Jean o Bubbie le habían contado a papá lo que había pasado en el autobús.

Jeffrey nunca le dijo a papá que fui yo quién le dio el petardo. Le dijo a papá que fue un niño mayor él que se lo dio.

Durante el resto del año escolar, Jeffrey y yo nos sentamos detrás del Sr. McGee en el trayecto del autobús a la escuela y a casa todos los días. El anciano no nos quitaba los ojos de encima

desde su espejo retrovisor.

Capítulo 48

Big Plum Creek

De joven ayudaba en la tienda de comestibles de RT Jenny en Big Plum Creek, limpiando la tienda y colocando los productos en las estanterías. También ganaba un poco de dinero extra cortando la hierba en su casa y alrededor de la tienda para la señora Jenny. No tuve que besar a la Sra. Jenny más para que me pagaran. Ya era mayor para eso.

A los 15 años, empecé a trabajar para los agricultores, Carroll Ray Montgomery, Russell Smith, el Sheriff John Waterfield, y John Blair en Big Plum Creek transportando heno, repararando vallas, cortando tabaco y perseguir vacas. Varias veces ayudé a Peanuts, el hijo de Carroll Ray, a limpiar las cacas de las vacas, los caballos de los establos y las pocilgas. No me gustaba limpiar las cacas malolientes de los animales de granja.

Larry Ray con papá

Limpiar las apestosas cacas de las gallinas del gallinero del Sr. Pop, las asquerosas pocilgas de Carroll Ray y los malolientes establos de los caballos fueron los peores trabajos que hice mientras trabajaba en las granjas. Un día, empujando la apestosa caca de caballo, le dije a Peanuts: "algún día, voy a dejar de limpiar la asquerosa caca de los establos de los caballos. Voy a encontrar un trabajo en la ciudad".

"¿Quién me va a ayudar a limpiar la caca de caballo?" preguntó Peanuts.

Un día estaba trabajando para Russel Smith ayudándole a perseguir sus vacas y novillos hasta un establo para venderlos en el Stockyard de Louisville. Estaba persiguiendo a una vaca cuando me caí de bruces sobre una jugosa caca de vaca dentro de su establo. Inmediatamente me levanté de un salto, me limpié la caca caliente de la boca y escupí un poco en el suelo. Esperaba que nadie me viera con caca en mi boca. Demasiado tarde. Russell me vio caer boca abajo. Me dijo: "no te preocupes por la caca de vaca caliente que tienes en la boca, es hierba verde de alfalfa de los campos".

Nuestro hogar ya nunca será el mismo

"¿Caca de alfalfa verde?" dije.

"Las vacas comen solo hierba y algo de maíz, pero no carne," contestó Russell.

Estaba sorprendido y pensaba; *quizás Russell tenía razón, sabía a espinaca.*

Trabajar en las granjas durante los veranos me ayudó a ganar suficiente dinero para comprar una bicicleta y un montón de refrescos Big Red y bolsas de cacahuetes salados. Más tarde, necesitaba dinero para gasolina para mi coche.

Después de trabajar todo el día en la granja, Jeffrey y yo nos metíamos en el estanque de Carroll Ray, en los lagos del viejo Wheeler o en el arroyo de Noah Moore y nos bañábamos rápido. Incluso nos lavábamos el pelo. Llevaba champú y jabón en mi bicicleta y más tarde en mi coche.

Todos los chicos de Big Plum Creek nadábamos desnudos. Incluso mis hermanos pequeños Bubbie y Doodle Bug disfrutaban nadando como patitos sin plumas. Creo que nunca tuvimos ropa de baño de pequeño cuando íbamos al arroyo.

Recuerdo que un domingo por la tarde, después de comer en casa del abuelo, éste, papá, nuestros tíos, nuestros primos, Jeffrey, Bubbie, el pequeño Doodle Bug y yo fuimos a nadar al estanque que había detrás del establo de las vacas. De pie en el borde del estanque, vi cómo todos se quitaban la ropa, excepto el abuelo, y se metían en el agua de culo.

Le pregunté a papá: "¿por qué el abuelo está en el agua con la camiseta puesta?".

"No quiere quemarse con el sol los hombros", dijo papá.

Estaba feliz y pensaba; *todos estamos desnudos nadando una tarde de domingo en el estanque del abuelo.*

Cuando cumplí 16 años, me saqué el permiso de conducir en el Tribunal de Taylorsville. Más tarde, mamá me dio su viejo coche Chevy negro de 4 puertas.

Después de ganar dinero para la gasolina trabajando en las granjas durante la semana, "salía a la carretera" con mi hermano Jeffrey y nuestros amigos Joey Cundiff, Russell Grey y, a veces, Barry Smith los viernes y sábados por la noche hacia Taylorsville.

Buscábamos chicas. Si alguien nos daba whisky o cerveza, nos la bebíamos.

Cuando empecé a conducir, el abuelo Hardin me pedía que le llevara a ver al doctor Skaggs en Taylorsville para su revisión médica. El abuelo me preguntaba: "¿puedes llevarme hoy?"

"Claro que sí," le dije.

Más tarde, el abuelo le dijo a papá: "Larry Ray me

Jeffrey Dewayne y Larry Ray

asustó. Casi saca el coche de la carretera cuando me llevaba a ver al doctor Skaggs en Taylorsville".

"Acaba de empezar a conducir, papá. Está aprendiendo a conducir", le explicó al abuelo.

"Pero Junior, antes de que llegáramos a la consulta del Doctor, Larry Ray casi se salta una señal de stop, casi atropella a una marmota que cruzaba la carretera, y estuvo a punto de chocar con una camioneta cargada de cerdos que iba delante de nosotros".

Una vez, cuando el abuelo tenía su vieja camioneta Chevy verde de finales de los 60, me dejó conducir hasta los corrales de Sheep-Town (Shepherdsville, Kentucky) con cinco cerdos para venderlos a otros criadores. Supongo que el abuelo no pudo encontrar a nadie más en la familia para llevar sus cerdos a Sheep-Town. Yo conducía la camioneta del abuelo cargada de cerdos viajando a unos 50 kilómetros por hora por el camino rural hacia Sheep-Town.

El abuelo me dijo: "Larry Ray, tienes que reducir la velocidad y no salirte de la carretera. Vas a hacer daño a mis cerdos".

El abuelo me decía que estaba conduciendo demasiado rápido por la estrecha carretera. No podía entender el por qué se asustaba de que yo pudiera hacerle daño a sus cerdos. Yo decía; la *la camioneta lleva cinco cerdos. No puedo ir a más velocidad por estas carreteras tan estrechas. ¿por qué le preocupa al abuelo que le pueda hacer daño a sus cerdos?*

Nuestro hogar ya nunca será el mismo

El abuelo tenía mucho miedo de que yo condujera, pero seguía pidiéndome que le llevara a la consulta del médico en Taylorsville y a los corrales en Sheep-Town (Shepherdsville).

Le pregunté a mamá: "¿le da miedo al abuelo que yo conduzca?".

Ella dijo: "Larry Ray, tienes que aprender a conducir por el lado derecho de la carretera. Tu abuelo tiene miedo de que conduzcas".

"A la abuela Hardin no parecía importarle que la llevara a la consulta del doctor Skaggs y a la tienda de comestibles en Taylorsville. Incluso llevaba puestas sus gafas de lectura para la hipermetropía".

Siempre traté de no meterme en problemas con la policía del pueblo. A veces, mientras conducía por el pueblo, un policía me paraba y decía: "chico, pareces un niño en el asiento del conductor. Por eso te he parado". Luego me preguntaban: "¿llevas alcohol en el coche?".

"Creo que no, señor".

"Chico, ¿tienes 16 años?", preguntaba el policía del pueblo.

"Señor, ¿quiere ver mi carnet de conducir?"

"Sí. Déjame verlo".

Eso no impedía que la policía del pueblo registrara el interior de mi coche. A veces encontraban una pinta o un cuarto de litro de alcohol ilegal bajo el asiento o una caja de cerveza en el maletero. Siempre le decía al policía que el alcohol ilegal y la cerveza no eran míos.

El policía del pueblo solía decirme: "esto me lo quedo. No te voy a poner una multa por conducción temeraria hoy por tener el alcohol y la cerveza en tu coche. Pero chico, ¿no sabes que no puedes tener cerveza en el condado de Spencer? Es un condado seco. Me llevo tu alcohol ilegal. Ahora dime de dónde has sacado ese alcohol ilegal".

Pregunté: "¿qué alcohol ilegal, señor?"

"Bien, esta vez te dejaré ir".

No entendía por qué algunos policías del pueblo me paraban y me preguntaban si tenía alcohol en el coche. Luego me pedían el carnet de conducir. Sólo había unos cuatro, tal vez cinco

Nuestro hogar ya nunca será el mismo

policías trabajando en el pueblo. ¿No sabían que podía conducir legalmente? Tal vez sólo querían mi whisky y mi cerveza.

A veces, si no encontraban alcohol ilegal o cerveza en mi coche, me ponían una multa por conducción temeraria, por

El coche de Larry Ray

saltarme una señal de stop, por escupir por la ventanilla, por alterar el orden público ante un agente de policía, por casi atropellar a alguien cruzando la calle, por conducir demasiado cerca de un coche, por conducir demasiado rápido en una zona escolar (incluso cuando la escuela estaba cerrada), o por exceso de velocidad en la calle principal. Solía preguntarle al policía, "señor, ¿puedo pagar la multa ahora?"

Una vez, un policía me dejó pagarle en efectivo, el dinero que llevase encima. Nunca pensé que los policías eran corruptos, *es más, creía que era normal que ellos ganasen algun dinero y se bebieran mi whisky ilegal y mis cervezas.*

Larry Ray Hardin and Dianne DeMille, PhD

Capítulo 49

Volando a casa en bici

Cuando el coche de papá empezó a tener problemas mecánicos, me lo dio para que lo condujera cerca de casa en Big Plum Creek. Se compró otro coche usado para ir y volver de Louisville, donde trabajaba como soldador. Con las llaves del coche en la mano, Jeffrey y yo íbamos a recoger a nuestros compañeros, Joey, Russell y Barry, y nos íbamos a Taylorsville o a Mount Washington a jugar al baloncesto. A veces, íbamos a la escuela en mi viejo coche.

Un día, estábamos todos en mi viejo coche viajando a Taylorsville para jugar al baloncesto. En el camino de regreso, tuve que subir una colina empinada en la carretera. Papá me dijo que el coche no tenía suficiente potencia para subir una colina empinada, especialmente cuando había mucha gente en el coche.

Este día éramos cinco personas. El coche empezó a reducir la velocidad al subir la empinada colina. Finalmente, el motor no tenía suficiente potencia para seguir adelante. A mitad de camino, el coche dejó de moverse.

Les dije a todos los que estaban en el coche: "salid y empujad el coche hasta la cima de la colina. Yo me quedaré en el coche y conduciré"."

Iba sentado con la mano derecha sobre el volante. La mano izquierda colgaba por la ventanilla haciendo señas a los coches para que me adelantaran.

Al mirar por el espejo retrovisor, vi a Jeffrey y a nuestros compañeros empujando el coche. Subí el volumen de la radio para que todo el mundo se divirtiera escuchando a un grupo musical de rock llamado ZZ Top mientras empujaban lentamente el coche colina arriba.

Una vez que el coche llegó a la cima de la colina, les dije a todos que se subieran rápidamente y bajamos por el otro lado de la colina. Más tarde vendí el coche a un chatarrero por diez dólares.

Poco después, papá me regaló otro coche viejo. Mi hermano, mis amigos y yo volvimos a viajar a lugares de Taylorsville y Mount Washington. Recuerdo que un día le dije a Jeffrey: "sube al coche. Quiero ver al abuelo y a la abuela Hardin"."

Nuestro hogar ya nunca será el mismo

Después de unos cuantos kilómetros conduciendo por la carretera de Big Plum Creek hacia la casa del abuelo, vimos a un amigo en bicicleta que iba en nuestra dirección. Jeffrey gritó: "oye, es Bobby Stone. Vas por el medio de la carretera. Alguien va a atropellar tu pequeño trasero".

Reduje la velocidad del coche junto a la bicicleta de Bobby y grité: "Bobby, ¿a dónde vas con tanta prisa?".

"Tengo que llegar a casa para ayudar a ordeñar las vacas. Llego tarde", gritó.

Con la ventanilla del coche bajada le grité: "oye Bobby, agarra el marco de la ventanilla de la puerta del lado del conductor con la mano derecha y lleva la bici con la otra".

Bobby extendió la mano derecha hacia la puerta del lado del conductor. Agarró el marco de la ventana. Ahora se agarraba al coche con la mano derecha. Llevaba la mano izquierda en el manillar controlando la rueda delantera de la bicicleta.

"Bobby, ahora quita los pies de los pedales de la bicicleta. Agárrate bien al manillar", le grité.

Jeffrey me gritó: "vas demasiado rápido para que Bobby se agarre al marco de la ventana. No va a poder controlar la bici".

"No voy demasiado rápido. Míralo. Bobby está sonriendo. No veo ningún miedo en su cara", grité.

Bobby gritó: "Larry Ray, tienes que ir más despacio. Reduce la velocidad".

De repente, la rueda delantera de la bici golpeó el guardabarros delantero del coche. Bobby y su bici salieron volando por los aires por encima del coche. La moto chocó primero contra la carretera. Pero Bobby siguió volando, moviendo los brazos, y dando patadas como si volara hacia su casa.

Y pensé; *parece que Bobby quiere llegar a casa volando.*

Giré el coche hacia la derecha perdiendo la bici de vista. Entonces vi a Bobby golpear la carretera y rodar varios metros como una bola de bolos blanca. Rápidamente pisé los frenos con fuerza, haciendo chirriar los neumáticos hasta que me detuve junto a Bobby. Bobby yacía inmóvil en la carretera delante del coche. Jeffrey y yo saltamos para ver si estaba vivo o muerto.

Nuestro hogar ya nunca será el mismo

Bobby levantó la vista de la carretera y sonrió como una mofeta muerta que hubiera sido atropellada por un coche.

Jeffrey gritó: "¿por qué está sonriendo? casi se muere".

Bobby se levantó lentamente, sonriendo con la sangre corriendo por su cara.

"Bobby, ¿estás bien? La piel de tu cara casi ha desaparecido", gritó Jeffrey.

"¡Vaya! Estuviste volando en el aire durante mucho tiempo. Me preguntaba cuándo ibas a dejar de volar", dije.

Bobby dijo con dolor: "tengo que llegar a casa. ¿Dónde está mi bicicleta?". Cogió su bicicleta y se marchó. Salió en la bicicleta para ir a casa a ordeñar vacas.

Más tarde, en casa del abuelo, Jeffrey y yo nunca dijimos nada de lo que había pasado con Bobby y su bicicleta. Poco después, la abuela recibió una llamada telefónica del vecino diciendo que Larry Ray y Jeffrey habían atropellado a Bobby en su bicicleta.

El abuelo nos miró a Jeffrey y a mí y nos preguntó qué había pasado.

"Bobby se agarró a la manilla de la puerta de mi coche mientras yo conducía. No soltaba la puerta. Luego llevé a Bobby a dar un paseo en su bicicleta, tirando de él con mi coche. Finalmente, se soltó de la manilla de la puerta. Se cayó, desollándose la cara en la carretera", expliqué.

El abuelo dijo: "bueno, el chico está en la consulta del doctor Skaggs para curarse las heridas de la cara".

Pensé; *nunca más tiraré de alguien que vaya en bici mientras esté conduciendo un coche. No me importa si lleva prisa para llegar a casa o a ordeñar vacas.*

Capítulo 50

Un buen día para la matanza

Yo visitaba a mis abuelos a menudo en la granja de Ray White, a unos pocos kilómetros de la vieja casa del Sr. Harry. El abuelo Hardin y el resto de la familia se reunían en la granja cada año para el día de Acción de Gracias. Se mataban entre seis y ocho cerdos y dos novillos. Cada miembro de la familia tenía una

Abuelo, David, Daddy, JT, Ronald
matando cerdos y novillos

tarea en el proceso de la carne de cerdo y novillos. Por ejemplo, el tío Bill Hedden disparaba con su rifle del 22 largo en el cráneo del cerdo y del buey. Luego papá cortaba inmediatamente la garganta del cerdo y del ternero para drenar la sangre.

Una vez que la sangre era drenada del cerdo y el ternero, el tío David Hardin utilizaría un tractor de la granja para arrastrarlos a la bañera caliente. Después de unos minutos de sumergir el cerdo

261

en la bañera caliente llena de agua, nuestras tías y primos, yo incluido, empezábamos a raspar los pelos de los cerdos con pequeños cuchillos. Después de quitarle los pelos, David o Ronald cogían el elevador del tractor y sacaban el cerdo de la bañera. Con el cerdo fuera de la bañera, papá empezaba a cortar la carne del cerdo en grandes trozos.

El tío JT o el tío Earl Warner distribuían los trozos grandes de carne de cerdo a los miembros de la familia para que las cortaran en porciones más pequeñas para hacer salchichas, chuletas de cerdo y costillas. La grasa del cerdo se utilizaba para hacer manteca de cerdo (grasa para cocinar). Más tarde, la carne se trasladaba al "ahumadero" para curarla y tenerla disponible para comer durante todo el año.

El método de papá para descuartizar el buey consistía en colgarlo en lo alto, donde podía quitarle la piel y cortarle el estómago para sacar las tripas y que cayeran al suelo. Una vez vaciadas las tripas del ternero y toda la sangre, cortaba la carne en trozos.

Capítulo 51

Parad de excavar, dejad la tumba en paz

Al final de la tarde, después de ordeñar las vacas, quitar con las palas las cacas del establo y después de cenar, Jeffrey y yo seguíamos al abuelo Hardin y al tío Ronald al bosque con sus dos perros sabuesos de mapaches.

¡Vaya! Jeffrey y yo íbamos a cazar mapaches con el abuelo y el tío Ronald.

Apenas nos adentrábamos en el

Stacy Hardin y su perro cazador

bosque o cerca de los campos de maíz, los perros cazadores de mapaches empezaban a aullar. Los perros percibían un olor en el suelo; entonces perseguían a un mapache, una comadreja, un zorro y cualquier otro animal por las colinas, los bosques y los arroyos.

Mientras los perros empezaban a perseguir a un mapache, el abuelo y Ronald dejaban de caminar y buscaban un árbol caído para sentarse. Jeffrey y yo nos sentábamos en el suelo y nos

263

recostábamos contra el tronco del árbol. Luego esperábamos hasta que los perros empezaran a ladrar como si fuera un lamento cuando los perros mandaban a un mapache o a una comadreja a lo alto de un árbol.

El abuelo, con su vieja linterna de gas a su lado, metía la mano en su pequeña bolsa de tabaco blanco y, con el papel que encontraba, liaba un cigarrillo. Con el cigarrillo en la boca, empezaba a hablarnos de fantasmas malignos que vagaban por el bosque.

"Abuelo, ¿quiénes son los fantasmas? ¿los fantasmas tienen cabeza?", preguntó Jeffrey.

"Algunos fantasmas tienen cabeza", respondió.

Según el abuelo, los fantasmas procedían en su mayoría del viejo cementerio familiar de la granja. Más tarde, supe por la abuela que el cementerio de la granja era de principios del siglo XIX. Era el cementerio de la familia Robinson. Contaba que la familia había vivido en la vieja granja de madera.

Nuestro hogar ya nunca será el mismo

Mientras Jeffrey y yo escuchábamos las historias de fantasmas del abuelo sobre el viejo cementerio familiar, el tío Ronald dijo nervioso: "papá no te muevas"

El abuelo, Jeffrey y yo miramos rápidamente al tío Ronald. "¿Qué ves, Ronald? ¿ves un fantasma?", susurró Jeffrey.

El abuelo preguntó: "¿qué te pasa Ronald?".

"Papá, tienes hiedra venenosa cerca de la mano", respondió.

El abuelo se agachó y cogió una hoja de hiedra venenosa con la mano. Luego se la frotó en las manos, se la puso en los labios y la escupió en la tierra. "No soy alérgico a la hiedra venenosa. Chicos, ¿queréis un poco de esta hiedra venenosa?", dijo el abuelo.

Me dije a mí mismo; *como el abejorro carpintero que no picaba hasta que lo atrapó. Esto no puede ser hiedra venenosa; es algo diferente ¿será otra broma del abuelo?*

Una vez que los perros dejaron de ladrar, el abuelo dejó de cazar. El tío Ronald agarró a los perros atándolos con sus cuerdas.

Despues de cazar mapaches, volvimos a casa ya de noche con los perros.

Una vez en casa, Jeffrey y yo corrímos a la cocina para comer algunas de las galletas duras y frías de la abuela y mermelada de mora casera. Nosotros nos íbamos a la cama de plumas a comer galletas antes de que el tío Ronald se acercara a vernos.

Ya tumbado en la cama, sonreía y pensaba: *el abuelo y Ronald creían que Jeffrey y yo veríamos un fantasma en el cementerio de la familia Robinson. Me preguntaba qué pasaría si fuese verdad.*

Justo cuando me estaba quedando dormido, el tío Ronald dijo: "¿queréis tú y Winnie escuchar algunas historias de fantasmas sobre el cementerio de la vieja familia Robinson? ¿queréis jugar a las sombras de las manos en la pared?".

Jeffrey y yo susurramos: "No".

Después de unas cuantas historias de fantasmas y sombras de manos de la lámpara de aceite encendida, el tío Ronald se quedó dormido. Entonces Jeffrey y yo empezamos a oír ruidos extraños, como si alguien, tal vez un fantasma, estuviese merodeando por el piso de arriba de la vieja granja de troncos.

Una noche, cuando yo tenía 16 años, el tío Ronald nos preguntó a Jeffrey y a mí: ¿queréis Winnie y tú ayudarme a cavar una de las tumbas del cementerio para buscar huesos y objetos?", cuando me levante por la mañana.

Yo dije, "sí."

Jeffrey dijo rapidamente, "ni hablar."

El tío Ronald se fue a dormir.

Pensaba; *¿por qué el tio Ronald deja la lámpara de aceite encendida toda la noche? ¿por qué no la apaga? creo que le asustaban sus propias historias de fantasmas o quizás las sombras de sus manos en la pared.*

Al día siguiente, en el cementerio de la familia Robinson, el tío Ronald cogió una pala para sacar tierra de una tumba desconocida.

Yo me reía y pensaba; *el tío Ronald es como una marmota gorda, echando arena en la tumba por todos lados.*

"¡Vaya!" grité en voz alta, "oye tío Ronald, ¿vas a encontrar unos huesos muy viejos y un cráneo en la tumba?".

Había cavado ya unos 60 centímetros cuando me fijé en una lápida de mármol blanco que yacía en el suelo junto a la azada. No pude leer la inscripción de la lápida. Empecé a cavar a su lado. Entonces oí que el abuelo nos gritaba: "parad de cavar y dejad esa tumba en paz".

El tío Ronald y yo dejamos de cavar inmediatamente. Levanté la vista de la tumba y vi al abuelo caminando hacia mí con piedras en la mano. Salí corriendo como un perro mapache porque el abuelo era un buen lanzador de cabezas de pollo. El abuelo volvió a meter la tierra en la tumba.

Me preguntaba; *¿por qué está el abuelo enfadado conmigo? Fue idea de Ronald excavar la tumba.*

El abuelo no me dijo ni una palabra durante el resto del día.

Ya de noche, me desperté de repente en la cama. Entonces, oí que alguien bajaba lentamente las escaleras, como andando de puntillas. Nuestra cama estaba debajo de la escalera y la lámpara de aceite estaba encendida.

Nuestro hogar ya nunca será el mismo

Me pregunté: la tía Sara Lee o la tía Mary Elizabeth probablemente van a la cocina a beber del cubo de agua o a comer algo de la mesa de la cocina. Pero, ¿por qué van de puntillas?

Entonces, sentí que alguien se acercaba a la cama. Me hice el dormido. Empecé a sentir calor por todo el cuerpo. El calor no me quemaba la piel; me quemaba por dentro del cuerpo.

Rezaba y me decía a mí mismo: *¿qué me está pasando? Algo en mi interior me dice que no abra los ojos. Pero, quiero echar un vistazo para ver quién es.*

En un extraño e irreconocible sonido de llanto con mucho dolor, la voz aterradora susurró: "Larry, por favor, abre los ojos; soy Sara".

De repente oí de nuevo una voz interior que decía: "no abras los ojos".

Me preguntaba; *¿podría ser Sara Lee, mi tía del piso de arriba? Pero ¿por qué Ronald y Jeffrey no oyen la voz llorona ni sienten el calor de sus cuerpos?*

Haciendo caso a mi voz interior, me negué a abrir los ojos para ver quién era la que lloraba y me suplicaba. La voz llorona susurró: "Larry, tienes algo en el oído".

Creo que alguien que pretende ser Sara Lee me está tocando la oreja izquierda. Rápidamente me rasqué la oreja. *Ahora, sea quien sea Sara, sabe que estoy despierto.*

De repente, Sara se acercó a mi cara y me susurró de nuevo, "Larry, soy Sara, por favor despierta."

Me dije; *el calor de Sara calentaba más que el sol, sin embargo, no me quemaba la piel; me quemaba por dentro.*

Creía que era un espíritu maligno de nombre Sara.

Seguía rezando y pensaba; *no quiero abrir los ojos y ver al espíritu maligno.*

El calor era cada vez mayor, pero no me quemaba por fuera del cuerpo. Sara seguía rogando y llorando para que abriera los ojos. Con la bendición de Dios y su voz interior, no los abrí.

Entonces, oí el despertador del abuelo que le despertaba para ir al establo en busca de leche.

Nuestro hogar ya nunca será el mismo

Lo que fuera que estaba al lado de mi cama, se alejó rápidamente y corrió hacia arriba. Ya no sentía el calor ardiente en mi interior. Salté por encima de Jeffrey y del tío Ronald para salir de la cama y corrí al dormitorio de mis abuelos. Intenté explicarle al abuelo y a la abuela lo que acababa de ocurrir, pero no querían oír hablar de un fantasma maligno llamado Sara.

El abuelo dijo: "tengo que ir a ordeñar esas vacas".

La abuela fue a la cocina para empezar a preparar el desayuno.

Me preguntaba; *¿qué me pasaba anoche en la cama? ¿era Sara o un fantasma maligno que me quemaba? ¿por qué quería Sara o el fantasma que abriera los ojos?*

Después de ayudar al abuelo, ordeñar las vacas y limpiar las cacas del suelo esa mañana, tuve el impulso de subir al viejo cementerio que había detrás del establo de la leche antes de desayunar.

En el viejo cementerio, me quedé mirando la suciedad del suelo donde el tío Ronald y yo dejamos la lápida. Algo me decía: "mira debajo."

Tenía miedo; *¿qué pasó anoche? ¿qué voy a ver al otro lado de la lápida? estoy asustado.*

Con mucho esfuerzo, levanté lentamente la pesada lápida de mármol del suelo junto a la tumba. Ahora podía leer las palabras de la parte delantera de la lápida. La inscripción decía: *"Sara Robinson falleció en 1863."*

Inmediatamente pensé; *¿es la misma Sara que estaba llorando y me decía que abriera los ojos anoche? Antes de morir, ¿vivía arriba en la vieja granja de troncos?*

Dejé caer la lápida de mármol al suelo y corrí de vuelta a la vieja granja. No podía comer las galletas marrones de la abuela sin pensar en las palabras de la lápida que decían que era la tumba de Sara. Creía que el abuelo sabía que me había encontrado con un espíritu maligno la noche anterior en la habitación de Ronald.

Me preguntaba; *¿por qué dejaba el tío Ronald la lámpara de aceite encendida todas las noches? ¿le ocurrió a él? ¿acaso oyó la voz del demonio?*

Nunca más me quedé por la noche en la casa del abuelo.

Nuestro hogar ya nunca será el mismo

Cuando visitaba a mis abuelos en esos años, sentía como si un espíritu maligno me estuviera observando dentro de su casa. Y me preguntaba; *¿está Sara esperándome para pasar la noche de nuevo?*

Mis abuelos vivieron en esa vieja granja durante casi 20 años.

Capítulo 52

Aparcería

Papá aprendió rápidamente que la mejor manera de ganar dinero extra para que la familia pudiera construir una casa era compartir la cosecha con otros agricultores en los campos de tabaco de Big Plum Creek. Recordaba cuando era un niño cómo el abuelo Hardin los utilizaba a él y a sus hermanos para compartir la cosecha con los granjeros que poseían sus tierras.

Papá pensaba que podría utilizar a sus ocho hijos para ayudar a ganar dinero extra. Mamá se puso de acuerdo con papá para que le ayudáramos a construir nuestra propia casa en Big Plum Creek.

La familia con Joey Cundiff después de trabajar en los campos

Pensé; *es una gran idea. Finalmente, tendremos nuestra propia casa en Big Plum Creek. La nueva casa tendrá agua corriente fría y caliente, un cuarto de baño, horno calentador de gas, y nuestras propias habitaciones.*

Nuestro hogar ya nunca será el mismo

Papá sabía que Jeffrey y yo trabajábamos para Carrol Ray en sus campos de tabaco, transportando heno y limpiando las cacas de los animales de granja de los establos. Carrol Ray y su hijo Peanuts cultivaban mucho tabaco en su granja. Carrol Ray siempre buscaba ayuda contratada para trabajar en los campos de tabaco.

Papá se reunió con Carrol Ray y su suegro, el Sr. Gilbert Paris. El Sr. Paris era conocido en Big Plum Creek como el Sr. Pop y su esposa, la Sra. Pop. Papá le preguntó al Sr. Pop si le vendería un terreno en Big Plum Creek. Quería construir una casa.

Papá le dijo a Carroll Ray: "puedo comprar el terreno, pero no tengo suficiente dinero para construir mi casa. Tendré a mis hijos e hijas para que te ayuden a cultivar y cortar el tabaco".

Le explicó a Carrol Ray: "mis hijos te proporcionarán la mano de obra sin coste alguno para trabajar en los campos de tabaco. No te preocupes, cuando termine de trabajar en mi empleo de día como soldador en Louisville, trabajaré en los campos de tabaco por las noches con algunos de los niños más pequeños".

Carrol Ray estuvo de acuerdo en que él proporcionaría los campos de tabaco y los materiales, y papá pondría la mano de obra sin coste alguno para él y se dieron la mano.

Unas semanas después, el Sr. Pop vendió unos terrenos a papá. Nos mudamos de la vieja casa del Sr. Harry a otra vieja casa en ruinas en Hardesty Ridge Road.

Mamá dijo: "no te preocupes. En menos de un año, nos mudaremos de nuevo a Big Plum Creek ".

Con la ayuda del tío David, hermano de papá, firmó en el Banco Popular de Taylorsville para que papá empezara a construir nuestra casa.

Estaba emocionado; *finalmente, íbamos a construir nuestra propia casa en Big Plum Creek.*

Capítulo 53

Una pequeña comadreja en los pantalones de papá

Después de que nos mudáramos a la vieja casa en ruinas de Hardesty Ridge Road, no pasó mucho tiempo hasta que Sharon Geneva encontró un cría de rata peluda gris. Cuando encontró la rata, estaba detrás del retrete jugando con sus hermanas cerca del estanque. Sharon Geneva casi tropezó con la pequeña rata peluda gris.

Gritó: "mira, he encontrado una rata".

Debra Jean gritó: "es una comadreja bebé, no una rata rara".

"Parece muerta", gritó Linda Lou.

Brenda Sue gritó: "Sharon Ginebra llévala a casa y dale de comer. A mamá no le importará que la lleves a casa".

En casa, Sharon Geneva alimentó a la cría de comadreja con trozos de pan, algunas judías rojas y agua. Después de jugar con ella, decidió meterla en una jaula para pájaros. Escondió la jaula para pájaros en el dormitorio de mamá y papá.

A última hora de la noche, antes de acostarse, Sharon

Geneva abrió la puerta de la

jaula de los pájaros y acarició

el vientre de la pequeña

comadreja. Ella le dio agua y

algunas legumbres.

Comadreja

De repente mamá gritó, "Sharon Geneva será mejor que no

tengas la comadreja en casa esta noche. Ven y prepárate para

acostarte."

Ella de inmediato salió corriendo para ver porqué estaba

gritando mamá.

Me pregunto si Sharon Geneva cerró la puerta de la jaula.

Esa noche, sólo Sharon Geneva sabía que la comadreja

estaba en la casa, en la jaula de los pájaros. A la mañana siguiente,

papá se levantó temprano, sobre las 3:45, para ir a trabajar a

Louisville. La mayoría de las veces no encendía la luz de la

lámpara porque no quería despertar a mamá y a la familia. En la

oscuridad se acercó a coger sus pantalones y camisa de trabajo de

la silla.

Nuestro hogar ya nunca será el mismo

De repente, papá gritó: "¡oye! ¡oye! ¡oye!"

Mama gritó, "¿qué ha pasado Junior? ¿ha entrado alguien en casa? ¿has pisado una serpiente?" Encendió la luz y le preguntó, "¿qué te pasa, Junior? ¿por qué saltas y das patadas?"

Sharon Geneva

Saltamos de la cama para ver a papá como corría por toda la casa tratando de quitarse los pantalones. El continuaba gritando, "tengo una serpiente en los pantalones."

Después de que papá se quitara los pantalones, la cría de comadreja corrió por el suelo y se metió debajo de la cama.

"No es una serpiente. Es una maldita comadreja. ¿Cómo ha entrado una comadreja en la casa y en mis pantalones?", gritó.

Papá estaba enfadado cuando salió de la casa para ir a trabajar.

Yo me preguntaba; *Sharon Geneva olvidó sacar la jaula con la comadreja. Nadie le dijo a papá que era su comadreja; ni siquiera mamá.*

Esa misma mañana, mamá preguntó: "Sharon Ginebra, ¿por qué no sacaste la jaula del pájaro fuera con esa asquerosa comadreja?".

"Me olvidé, mamá. La pequeña comadreja está en la jaula. La sacaré fuera. Te prometo que no volverá a ocurrir, mamá", respondió.

Debra Jean gritó: "¡vamos! Tenemos que ir al colegio esta mañana. ¡Date prisa! El autobús escolar está esperando".

Supongo que Sharon Ginebra pensó que podría esperar hasta llegar a casa del colegio por la tarde para sacar a la pequeña comadreja.

Cuando llegamos a casa del colegio, Sharon Geneva encontró la comadreja muerta dentro de la jaula. Sabiendo que estaba muerta y que no podía salir de la jaula, salió corriendo a jugar con sus hermanas.

Antes de irnos a la cama esa noche, papá gritaba: "más vale que esa maldita comadreja no vuelva a meterse en mis pantalones por la mañana".

Nuestro hogar ya nunca será el mismo

Mamá gritó: "Sharon Ginebra. "¿Está la comadreja muerta fuera de la casa?"

"Mamá, la comadreja ya está muerta.", respondió Sharon Geneva.

Larry Ray Hardin and Dianne DeMille, PhD

Capítulo 54

Jonás y la ballena

Mientras vivía en Hardesty Ridge Road, un joven que conducía una motocicleta se detuvo en la casa. Le dijo a mamá: "soy el Hermano John. Soy el nuevo pastor de jóvenes de la Iglesia Bautista de Plum Creek.

Mientras mis hermanas estaban junto a mamá, ésta le dio al Hermano John un vaso de agua fría. Entonces mamá le

Iglesia bautista de Plum Creek

preguntó: " ¿Qué quieres Hermano John?"

"Me gustaría invitar a sus hijas a la iglesia a un evento juvenil. El acto es para llevar a los jóvenes a la iglesia y reunirse con otros chicos de la zona. Es un acto maravilloso para que los jóvenes se reúnan entre sí y adoren a Dios", respondió. "Nos reunimos esta noche en la iglesia. ¿Quieren venir sus hijas?", preguntó el Hermano John.

Mamá dijo: "preguntaré a las chicas si quieren ir a la iglesia esta noche".

Brenda Sue, Linda Lou y Debra Jean pensaban que el hermano John era un chico guapo.

A última hora de la tarde, Jeffrey y yo llegamos a casa después de recoger heno. Necesitaba dinero para gasolina para salir por la noche y quedar con chicas en Taylorsville y Mount Washington. A los 17 años, tenía permiso de conducir y el viejo coche de papá.

Mis hermanas me preguntaron si podía llevarlas a la iglesia esa noche. La iglesia tenía un acto especial para los jóvenes que vivían en la zona.

"No. No quiero ir a la iglesia esta noche", dije.

"Va a haber muchas chicas mayores en la iglesia", dijeron mis hermanas.

Y pensé; *es probable que haya chicas guapas en la iglesia.*

"De acuerdo. Os llevaré, respondí".

"Yo también iré a la iglesia contigo", dijo Jeffrey.

Nuestro hogar ya nunca será el mismo

Jeffrey y yo corrimos al estanque que hay detrás del retrete a bañarnos y lavarnos el pelo.

Esa noche, Jeffrey fue conmigo a llevar a nuestras hermanas al encuentro de jóvenes de la iglesia. En la iglesia había algunos chicos mayores y muchas chicas. Varias de las chicas mayores eran muy guapas. Le dije a Jeffrey: "oye, quedémonos un rato. Quizá tengamos suerte y encontremos alguna chica".

Más tarde, conocí al pastor de los jóvenes. Me dijo: "llámame Hermano John. Hay una actuación esta noche. Quiero que actúes en uno de los espectáculos".

Le pregunté: "¿qué espectáculo?"

"Es una historia de amor", respondió.

Luego me presentó a Shirley. "Shirley va a participar en la obra contigo. Tienes que actuar como si fueras el novio de Shirley", dijo.

-Pensé de inmediato; *¿me está tomando el pelo el Hermano John? Shirley es muy guapa.*

"Larry tienes que convencer a Shirley en la obra de lo mucho que la amas. Ella se resistirá. Ambos tenéis sólo diez minutos para el "drama de la historia de amor", explicó el Hermano John.

Pensé: "sí. *Puedo actuar con ella.*

Conocía a Shirley desde el sexto curso en la escuela de Taylorsville. Le di una nota en clase diciéndole que se parecía a mi mamá. Luego le pedí que fuera mi novia. Después de leer mi nota, me miró sonriendo. Me quedé mirando sus labios mientras decía: "no."

Estaba emocionado y pensaba; *tengo oportunidad en la obra para decirle a Shirley cuánto me gusta. Tengo 17 años y ella 16 ¡es perfecto!*

El Hermano John dijo: "bien, vosotros sois los siguientes".

Una vez que Shirley y yo estábamos a punto de actuar en el escenario, le pregunté: "¿estás lista Shirley?"

Ella no me dijo nada. Entonces el Hermano John me gritó: "tienes diez minutos para convencer a Shirley de lo mucho que la quieres. Listo. Vamos".

Me acerqué a ella, mirándola a los ojos marrones, diciéndole lo mucho que la amaba y que quería estar con ella.

Nuestro hogar ya nunca será el mismo

De repente, la escena de la historia de amor terminó; todos aplaudieron. ¿Por qué aplauden? La obra no puede haber terminado; Shirley no me ha dicho nada. Tengo diez minutos para hablar con ella.

Yo pensaba; *no actuo. Es demasiado rápido. Vamos a hacer la escena de nuevo. No he terminado de hablar con Shirley.*

Una semana después, Joey y yo estábamos en el campo de heno. Era un día caluroso y húmedo de verano. El granjero que conducía el tractor gritó: "¿quién es el tipo de la moto que viene hacia aquí?".

"No lo sé. Lleva casco", respondí.

Cuando el hombre se quitó el casco, reconocí que era el Hermano John el que iba en la moto. El Hermano John dijo: "Larry, has sido seleccionado para ser el actor principal de Jonás y la Ballena. Vas a ser Jonás. Tengo una reunión esta semana en la iglesia para empezar a planear la obra musical 'Jonás y la ballena' para el verano. ¿Puedo verte en la iglesia esta semana para empezar los ensayos?"

"De acuerdo", dije con una sonrisa en la cara.

Mientras recogía heno, me preguntaba; *¿qué es un actor principal? ¿quién es Jonás? ¿Se va alguien a parecer a una ballena? ¿por qué tengo yo que ser Jonás?*

Empecé a llevar a mis hermanas a la iglesia bautista de Big Plum todas las semanas. Después de la primera noche de ensayo, Jeffrey y Debra Jean empezaron a formar parte del grupo musical *Jonás y la Ballena.* Yo haría el papel principal de Jonás y Donnie sería la ballena que me comería.

Pensaba; *no conozco a Jonás de la Biblia ni a Donnie la ballena. Tenía un fuerte deseo de aprender todo sobre Jonás y el por qué tenía Donnie que comerme.*

En el siguiente ensayo, el Hermano John y los chicos y chicas mayores de la iglesia me ayudaron a entender quién era Jonás y la razón por la que huyó de Dios. Intentaron explicarme cómo Jonás utilizó a mi Dios. Más tarde, el Hermano John me dio una grabación de la historia de Jonás y su relación con Dios.

Después, por la noche, me tumbé en la cama de plumas en la oscuridad. Empecé a escuchar la grabación de la historia de Jonás y la ballena y por qué fue tragado por una ballena.

Nuestro hogar ya nunca será el mismo

Jeffrey dormía a mi lado, mientras que Bubbie y Doodle Bug lo hacían a mis pies. Les dije a mis hermanos: "quiero escuchar la historia de Jonás. Pronto apagaré la grabación".

Después de esa primera noche de ensayo, empecé a ir a la iglesia los domingos por la mañana con mis hermanos. Muchos miembros mayores de la iglesia dedicaban tiempo a hablar conmigo antes y después del sermón del pastor sobre Jonás y Dios. Algunos me dijeron que leyera la Biblia para aprender la palabra de Dios y cómo su hijo, Jesús, murió en la cruz.

Me preguntaba; *conozco a Jesús por mamá. Pero quiero saber el por qué Jesús nos amaba tanto para morir en la cruz.*

Al llegar a casa después de trabajar en las granjas y tras cenar, seguí abriendo la Biblia y leyendo la historia de Jonás y la vida de Jesús. Durante las siguientes semanas, practiqué diferentes partes y memoricé las palabras del guión musical sobre lo que Jonás diría de Dios y el por qué huía del amor de Dios.

La familia Martin era una de las muchas familias espirituales maravillosas de la iglesia bautista de Plum Creek. Podía sentir su amor por Jesús y por mi familia. Me asustaba sentir esa clase de amor de las personas de la iglesia. En aquella época, sólo quería a mi familia; a nadie más.

La primera representación de Jonás y la ballena fue en la iglesia de Plum Creek. Muchos de los miembros del musical y los actores estaban nerviosos e inquietos. Yo no me sentía nervioso.

Después de que el musical terminara esa noche, vi a varios jóvenes aceptando a Jesucristo como su Señor. Los jóvenes estaban renovando su fe en Jesucristo delante de todos. Casi todos en la iglesia comenzaron a llamarme Jonás, incluso los niños pequeños.

Me preguntaba; *¿por qué no puedo sentir a Jesús en mi corazón como hicieron cuando terminó la obra? ¿por qué me llaman Jonás?*

Al poco tiempo, estábamos representando Jonás y la ballena en otras iglesias de los alrededores de la iglesia bautista de Plum Creek. Actuamos en la escuela secundaria de Taylorsville dos veces. Después de cada espectáculo, seguí viendo a varias personas jóvenes y mayores que aceptaban a Jesús en sus corazones.

Nuestro hogar ya nunca será el mismo

Pensé; *¿por qué hago esto? ¿por qué me empuja Jesús a seguirle?*

Con las donaciones de la iglesia bautista de Plum Creek y el lavado de autos, el Hermano John tuvo suficiente dinero para pagar la gasolina del autobús de la iglesia, nuestra comida, bebidas, y los gastos de habitación para que todos nosotros viajáramos a una iglesia en Birmingham, Alabama y más tarde para ver el océano en Panama City, Florida. Fue el primer viaje para Jeffrey, Debra Jean y yo fuera de Kentucky.

Después de terminar el programa para el verano, volví a la escuela secundaria y seguí yendo a la iglesia. Los niños más pequeños de la iglesia siguieron llamándome Jonás. No pasó mucho tiempo antes de que sintiera que algo me alejaba de la iglesia bautista de Plum Creek. No podía entender por qué estaba concentrado en el lado equivocado de la vida; bebiendo alcohol y emborrachándome, peleando, maldiciendo, teniendo sexo fuera del matrimonio, no graduándome de la escuela secundaria y no encontrando un buen trabajo.

Más tarde, nuestra familia se mudó a nuestra nueva casa en Big Plum Creek. Era genial tener un baño con agua fría y caliente en la casa. Mamá no tenía que lavar la ropa con agua fría. La casa también tenía calefacción; se acabó el carbón y la madera.

Pensaba; n*o más agua de pozo ni retretes apestosos, ni cortar madera y usar carbón para mantener la casa caliente.*

Después de mudarnos a nuestra nueva casa, dejé de ir a la iglesia bautista de Plum Creek. Abandoné el último año de la escuela secundaria. También me alejé de mis amigos. Durante unos dos años, me alejé de todo el mundo, excepto de mi familia y de algunos granjeros que necesitaban mi ayuda para trabajar en los campos de heno y tabaco.

Vagaba por los bosques y los arroyos buscando mi fe en Jesús. Me gustaba pescar, aunque la mayor parte del tiempo no pescaba nada. Empecé a disfrutar de la tranquilidad de estar solo en el bosque y en los arroyos, escuchando los sonidos de la naturaleza.

Mientras caminaba descalzo por el bosque una tarde en la granja de Chick Williams, decidí tumbarme junto al estanque.

Nuestro hogar ya nunca será el mismo

Mientras me tumbaba en el suave césped mirando el cielo azul claro, sentí una fresca brisa de viento que me golpeaba la cara. Entonces vi las hojas de los árboles que bailaban con el movimiento del viento. Cerré lentamente los ojos.

De repente, abrí los ojos al oír un ruido como si algo estuviera tocando el agua del estanque. Miré lentamente hacia el estanque y vi a un mapache lavándose las patas y la cara en el agua. Luego, saltó fuera del agua y salió corriendo.

Me preguntaba; *¿lo he asustado?*

El mapache se levantó, y miraba algo detrás de los árboles que tenía delante mía. El mapache me miró rápidamente y fijamente durante unos segundos y luego salió corriendo hacia el bosque.

Me preguntaba; *¿`qué le ha asustado? ¿estaba intentando decirme algo?*

Me reí a carcajadas y estaba a punto de volver a tumbarme en la hierba cuando un extraño sonido en el suave viento me dijo: "corre".

Miré hacia los árboles y vi que dos perros se acercaban a mí. Inmediatamente, me levanté de un salto y les grité a los perros. Los perros empezaron a abrir la boca y corrían hacia mí.

Agarré una pequeña rama de árbol rota y empecé a golpear a los perros. Grité y les golpeé con la rama hasta que se dieron la vuelta y salieron corriendo.

Miré al cielo y pensé; *gracias, Señor por avisarme el mapache del peligro que me iba a encontrar. Gracias a Dios por decirme con tu voz que corriera.*

Lo que pasó en el bosque con el mapache, la voz interior de Dios y la lucha contra los perros, no se lo había contado a nadie hasta ahora.

Cuando empecé a leer la Biblia familiar de mamá, encontré la siguiente parábola de Jesús que describe un viaje espiritual en la naturaleza y cómo encontrar el camino correcto en la vida con Dios.

"Un agricultor salió a sembrar sus semillas. Mientras esparcía las semillas, algunas cayeron en el camino, y los pájaros vinieron y se las comieron. Algunas cayeron en lugares rocosos, donde no había mucha tierra. Brotaron rápidamente, porque el suelo era poco profundo. Pero cuando salió el sol, las plantas se quemaron y se marchitaron porque no tenían raíz. Otras semillas cayeron entre espinas, que crecieron y asfixiaron a las plantas. Otras semillas cayeron en tierra buena, donde produjeron una cosecha: cien, sesenta o treinta veces más de lo que se sembró. El que tenga oídos, que oiga". Mateo 13:3-9.

Finalmente me di cuenta de qué tipo de semilla quería ser.

Me decía; *¿hay otro camino que tomar en la vida? ¿hay algo en lo más profundo de mi alma, una presencia extraña que me anime a escuchar la voz de Dios? ¿quizás me está llevando Jesucristo hacia un camino que nunca antes he pisado? tengo que seguirle sin importar hacia dónde vaya?*

Larry Ray Hardin and Dianne DeMille, PhD

Capítulo 55

Chico, vas a morir esta noche

Tenía casi 19 años cuando mi amigo Joey Conniff y yo conocimos a una chica que estaba sentada sola en una mesa de picnic en un parque público cerca del puente de la estacion de ferrocarril en el Condado de Jefferson.

Pensaba; *no es muy guapa. Está un poco gruesa de cintura. Pero tiene unos grandes pechos. ¿por qué está tan triste? ¿por qué está sola?*

Le grité: "¿quieres unirte a nosotros? Vamos a dar una vuelta y a beber cerveza".

"¡Claro!" dijo ella, riendo.

Joey se movió rápidamente al asiento trasero y no dijo una palabra mientras ella saltaba al asiento delantero.

Hablamos y bromeamos en el coche durante un rato. Más tarde esa noche, cuando la llevé a casa, me dijo: "no quiero ir a casa. Quiero quedarme contigo".

Le dije: "no, no puedes quedarte conmigo. Joey y yo tenemos que irnos a casa".

Llegué a su casa, y sus padres, una mujer pequeña y un hombre alto y gordo, estaban de pie en la entrada. Pregunté: "¿quién es la mujercita flaca y el hombre gordo que está a su lado?".

"Son mi madre, Judy y mi padre Clarence," dijo ella.

Me preguntaba; *¿por qué la pequeña Judy, de un metro y medio de altura y con unos 50 kilos de peso, tiene una pistola en su mano derecha apuntándome? Big Clarence se parecía realmente a Big Foot.*

Le dije a la chica: "tu madre tiene una pistola. ¿Por qué me apunta con un arma? ¿qué has hecho?".

La niña empezó a llorar y dijo: "tengo miedo de mi madre. No quiero quedarme aquí. Quiero ir contigo".

Ella no quería salir del coche y yo me negaba a avanzar más con el coche. Le grité a la chica: "¡tienes que salir del coche ahora! Creo que tu madre va a dispararme a mí o a tí en la cara".

Intenté salir, pero su madre saltó delante del coche poniendo su mano izquierda en el capó. Big Clarence se puso detrás del coche para impedir que me moviera hacia atrás.

Nuestro hogar ya nunca será el mismo

Me preguntaba; *¿por qué Joey, en el asiento trasero, no dice nada?¿se esconde de Big Clarence? quizás no quiere que le dispare la pequeña Judy.*

Le dije a la chica: "por favor. Sal del coche. Tu mamá tiene un arma y está molesta. Creo que Big Clarence también está molesto".

La chica quería irse conmigo. Le dije: "oye Joey, dile que salga del coche".

Joey estaba en el asiento trasero, temiendo decir algo.

"Quiero ir a casa contigo", gritó.

Le dije: "¿estás bromeando? Tu madre tiene una pistola en la mano y nos va a matar a Joey y a mí. ¿Qué pasa contigo? ¿qué has hecho? ¿por qué quiere dispararnos? ¿te has escapado de casa?"

No me contestó.

Entonces me puse a pensar y le pregunté: "¿qué edad tienes?".

"Tengo 13 años", admitió.

¿Qué? Por favor, sal de mi coche".

Joey finalmente gritó: "¡sal del coche ahora! Tu madre nos va a matar".

La madre de la chica gritaba más fuerte, agitando la pistola sobre su cabeza: "¡chicos, salid del coche, ahora!".

Dudé y entonces oí un fuerte disparo. Me asusté y grité: "No nos disparen a mí y a mi amigo. Oye, Joey tienes que salir del coche".

Abrí lentamente la puerta del coche y salté fuera. Levanté las manos en alto y lancé las llaves del coche al padre de la chica, Big Clarence. Me di cuenta de que Big Clarence medía aproximadamente 1,80 metros, no tenía pelo en la cabeza y debía pesar más de 100 kilos.

La pequeña Judy volvió a gritar: "¡chicos, entrad en la casa ya!".

Pensé; ¿qué chicos? *No veo a Joey junto a mí. ¿está todavía escondido en el coche?*

Big Clarence me miró y gritó, " ya lo has oído. ¡Entra en la casa!"

Nuestro hogar ya nunca será el mismo

Le grité a Joey, "Big Clarence está muy enfadado. ¡Sal de coche, ahora!"

Pensé; *¿por qué está Joey tan callado en el asiento trasero? Si estuviera al lado mía, podríamos echarnos encima de la pequeña Judy y correr antes de que nos cogiese Big Clarence.*

Cuando Big Clarence empezó a caminar hacia mí, corrí, salté los escalones, llegué al porche y entré en el salón. Vi a Joey sentado solo en un sofá rojo, sin decir una palabra. No le vi salir del coche y entrar corriendo en la casa.

Me siguieron de cerca al interior de la casa la chica con su madre y su padre. Me senté en el sofá rojo junto a la puerta de entrada y vi cómo la pequeña Judy golpeaba a su hija con la pistola en la cabeza. Joey seguía callado.

Me preguntaba; *si ella me dispara, ¿va Joey a salir por la puerta o por la ventana a buscar ayuda?*

Luego la madre me apuntó con la pistola a la cabeza. Y dijo, "chico, ¿violaste a mi hija de 13 años?"

Joey gritó, "ni siquiera la he tocado. Lo juro."

"Tú, cállate la boca," gritó la pequeña Judy.

La pequeña Judy no habló con Joey de violar a su niña. El padre se puso a mi lado y miró hacia abajo diciendo: "sí, chico, sé que te has tirado a mi hija. No mientas, chico".

Levanté la vista y grité: "¡no, no me he acostado con tu hija! ni la besé ni la toqué en ningún sitio. Ni siquiera la toqué. Le estoy diciendo la verdad, señor".

De nuevo, Joey no dijo nada y no intentó defenderme. La pequeña Judy apuntó su pistola y me gritó: "¡chico, vas a morir esta noche por violar a mi hija!".

Me apuntó a la cara con su pistola, que parecía una pequeña automática del 22. Sabía, por mi experiencia como chico de campo cazando y criado en Big Plum Creek, que una bala de pequeño calibre podría rebotar en la almohada del sofá y no alcanzar mi cara. La bala podría golpear a Big Clarence en la cabeza. Así que levanté lentamente la pequeña almohada del sofá en mis brazos y la sostuve cerca de mi pecho, rezando por haber tomado la decisión correcta.

Nuestro hogar ya nunca será el mismo

La pequeña Judy miró a Joey y le gritó: "Es hora de que te vayas. Chico, sal de aquí, ahora. Será mejor que corras antes de que te dispare en la cara, chico".

Joey se movió rápidamente, saliendo corriendo por la puerta principal, como un conejo a punto de recibir un disparo en el trasero. Se fue sin despedirse ni desearme buena suerte.

Finalmente, la pequeña Judy le dijo a su marido, Big Clarence: " llévate a éste fuera y dale una paliza."

Pensaba; *este hombretón es demasiado lento para correr. Ni siquiera podría coger a un caracol arrastrándose. Pero, como me golpee con el puño, seguro que me deja fuera de combate.*

Sabía que tenía más posibilidades al salir fuera de huir de él. Ya sabía que Joey no iba a ayudarme en mi pelea contra Big Clarence. Probablemente se estaba escondiendo detrás de un árbol o corriendo a su casa a varios kilómetros de distancia.

Miré a Big Clarence y dije con emoción: "sí, señor, ¡vamos fuera! Puedes golpearme con tu gran puño".

Inmediatamente salté del sofá y me abrí paso por la puerta principal como una ardilla zorro que salta al hueco de un árbol, seguida de cerca por Big Clarence. Sabía que podía correr más rápido que Big Clarence hasta mi coche, salvo que él tenía las llaves de mi coche.

Cuando salí, esperé a que Big Clarence me golpeara. Tenía que quitarle las llaves del coche. En lugar de eso, tiró las llaves del coche al suelo y gritó: "¡lárgate de aquí, chico! No vuelvas nunca por aquí".

Cogí las llaves del coche del suelo, me metí en el coche, le hice una peineta sin mirar atrás.

De repente oí que algo se movía en el asiento trasero de mi coche. Y pensé; *por Dios, que no sea la chica que huye de la madre.*

Miré en el asiento trasero y vi a Joey tumbado en el suelo. Grité: "¡la pequeña Judy no me disparó! Deberíamos volver y darle una paliza a Big Clarence y abofetear a la pequeña Judy por intentar dispararnos. Eh, Joey, ¿me has oído?"

Estaba aturdido; *¡casi me matan por no besar a la chica! Tenía el cuerpo de una mujer mayor, pero no la mente. Gracias, Señor por salvarme una vez más.*

Nuestro hogar ya nunca será el mismo

De repente recordé lo que dijo el predicador de la iglesia bautista de Plum Creek: "Un tiempo para nacer y un tiempo para morir". (Eclesiástico 3:2 Nueva Versión Internacional).

Hoy todavía sigo vivo. Joey murió varios años después en un accidente de tráfico.

Larry Ray Hardin and Dianne DeMille, PhD

Capítulo 56

Mi padre me mataría

En una ocasión, mis dos hermanas, Linda Lou y Debbie Jean, estaban jugando un partido de sóftbol de la iglesia, sólo para chicas, en el antiguo parque de béisbol del instituto en Taylorsville. Yo estaba en el partido de sóftbol con mi última novia, Bobbie Ann. Ella era muy bonita con una gran figura. Tenía una larga y hermosa cabellera negra que le llegaba hasta el trasero. Su piel era oscura y tenía grandes ojos marrones. Le pregunté a Bobbie Ann: "¿quieres desnudarte y atravesar el estadio de béisbol conmigo?".

Estaba deseando; realmente quería verla desnuda.

Ella se rió y dijo: "¿hablas en serio? Mi padre es el policía del pueblo. Me mataría si me viera desnuda contigo. Te arrestaría y me golpearía con su cinturón. Papá sabe que eres un chico Hardin. Cree que todos los Hardin están locos. Mi padre dice que te detiene mucho en la ciudad por tener cerveza y alcohol ilegal en tu coche".

"¿Tu papá es uno de los policías que me quita la cerveza y el alcohol ilegal? ¿tu padre bebe alcohol?"

"Sí".

"¿Quieres desnudarte conmigo?"

"¡No!", dijo ella.

"¿Qué tal más tarde en el coche?" Sonrió y me abrazó.

Realmente quería correr desnudo por el estadio de béisbol con Bobbie Ann. Sólo quería hacerlo como una broma.

Vi a un tipo alto y delgado, con un largo bigote que le caía por las comisuras de la boca y el pelo rubio hasta los hombros, de pie junto a mí.

-Ese tipo delgado me sonreía, y pensaba; *me ha oído hablar con Bobbie Ann de cruzar el estadio desnudos.* Así que, le pregunté, "¿por qué sonries, tío?"

El dijo, "estoy viendo a tu hermana Linda Lou jugar a sóftbol."

"Oye, ¿quieres desnudarte y cruzar el estadio conmigo?"

El rió y dijo, "¡claro! vamos a hacerlo."

"¿Cómo te llamas, tío?"

"Jimmy Curtsinger."

"¿De dónde eres?"

"Mount Washington," respondió Jimmy.

Nuestro hogar ya nunca será el mismo

Dos días más tarde, el padre de Bobbie Ann me arrestó en casa. Los policías le dijeron a mamá, "su hijo, Larry Ray tiene que venir con nosotros al juzgado de Taylorville. Es arrestado por correr desnudo en un partido de sóftboll de chicas. El juez le acusa de comportamiento incedente.

Mi mama dijo, ¿seguro que no es mi otro hijo, Jeffrey?"

"No," respondieron los policías.

¡Guay! pensaba; *es mi primer arresto por correr desnudo en un partido de sóftbol de chicas.*

Ese mismo día, papá llamó al juez Keiling de Taylorsville para informarle de mi arresto. Le dijo a papá por teléfono: "Junior, no sabía que era tu hijo. Ve a sacar a tu hijo de la cárcel. Dile que lo veré el próximo lunes en mi oficina".

El lunes por la mañana, en el juzgado del condado, el juez Keiling me preguntó: "Hardin, ¿por qué tú y el otro chico corrieron desnudos en el partido de sóftbol?"

"Lo siento, juez Keiling. No sabía que era un partido de sóftbol de la iglesia. Sólo quería que mi novia y yo nos divirtiéramos un poco".

"¿A qué te refieres con divertirnos un poco?", preguntó el juez. "¿Quién es el chico que corrió desnudo contigo?"

"No lo sé, señor", dije.

"Entonces, ¿quién es la chica a la que le pediste que se desnudara?", preguntó el Juez.

Respondí: "no recuerdo su nombre, señoría".

El juez retiró el cargo por comportamiento indecente pero me impuso una multa de 60 dólares. Pagué en efectivo. Jimmy estuvo dos días en la cárcel porque los policías del pueblo encontraron marihuana escondida bajo el asiento de su coche.

Jimmy se casó después con Linda Lou. Siempre me pregunté si Linda Lou se casó con él porque lo vio correr desnudo por el parque.

Más tarde, papá y el abuelo Hardin le pusieron a Jimmy el apodo de "Pez gato". Aunque Jimmy no parecía un pez gato, le gustaba el apodo.

Yo decía; *a Jimmy sí que le gustaba comer pez gato cuando papá lo cocinaba para nosotros.*

Nuestro hogar ya nunca será el mismo

Unos años después, papá estaba con Jimmy trabajando cuando resultó herido. Después de unos meses, Jimmy falleció en la unidad de quemados del hospital a la edad de 23 por sus heridas. Linda Lou se quedó sola para crear a sus hijas pequeñas sin su marido.

Larry Ray Hardin and Dianne DeMille, PhD

Capítulo 57

Mirando por la mirilla

Decidí dejar la vida en la granja después de recoger demasiada caca de vaca, cerdo, pollo y caballo para el Sr. Pop y Carrol Ray. Especialmente, la maloliente caca de caballo; tenía un olor peor que el de un animal muerto de tres días. Le dije al hijo de Carrol Ray, Peanuts, " se acabó la limpieza de la asquerosa caca de caballo. Me voy de aquí".

Tiré la pala sobre la caca de caballo y nunca más volví a limpiar. Supongo que Peanuts siguió limpiándola.

Más tarde, mi tío Larry Dale Hardin, me encontró un trabajo en una gasolinera Texaco de la Interestatal 245 cerca de Louisville, Kentucky. Estaba casado con la hermana de papá, Sara Lee.

Siempre pensé en la tía Sara Lee como una persona gentil y amable que amaba a su esposo, hijos y nietos. Nunca olvidé cuando ella cuidaba de nosotros cuando papá estaba fuera buscando a mamá. Era una de mis tías favoritas.

El Sr. Phillips, el gerente de la gasolinera, no quería contratarme porque me llegaba el pelo a la raja del culo. Me decía, "pareces un hippy que fuma mucha marihuana, ¿la fumas?"

Le dije: "no, señor".

El Sr. Phillips dijo que necesitaba alguien para empezar a trabajar de inmediato, así que me contrató. Nunca pude asegurarle que no era un hippy y que no fumaba hierba.

Empecé mi corta carrera en la gasolinera Texaco: echando gasolina, cambiando el aceite, reparando neumáticos y limpiando parabrisas para los clientes. Llevaba mi nuevo uniforme verde con una gran estrella roja en la parte

Larry Ray

delantera. Siempre recordaré el lema de la gasolinera Texaco: "Confía en el hombre que lleva la estrella roja."

También me acordaba de la marihuana y el sexo que ofrecían algunas de las clientas mientras ponían gasolina. Conocí algunas mujeres casadas mayores que querían tener sexo con un chico más joven. A veces mis compañeros de la gasolinera llevaban a las mujeres casadas al interior de la oficina o al motel que estaba detrás de la gasolinera.

Un día, vi a una mujer joven y atractiva coqueteando con un compañero de trabajo dentro de la gasolinera. Entonces me pidió que la siguiera al baño de mujeres. Una vez dentro del baño, se puso de rodillas e inmediatamente empezó a bajarme la cremallera del pantalón.

Pensaba; *practicando sexo así, no se quedará en estado.*

Estaba a punto de tener sexo con ella dentro del baño de mujeres hasta que observé un anillo. Le pregunté: "¿es una alianza? ¿estás casada?"

Ella me miró y dijo: "¿por qué? Vale, estoy casada".

Me aparté de ella y le pregunté: "¿dónde está su marido?".

"Está en casa cuidando a los niños", respondió.

Me subí la cremallera y salí del baño.

Según mis compañeros de trabajo, algunas de las chicas casadas más jóvenes querían hacerte un "quickie" (sexo oral) a cambio de llenar gratis el depósito. Querían hacerlo dentro de sus coches mientras observaban los niños.

Me preguntaba; *¿confían las mujeres en el hombre de la estrella en el uniforme para darles gasolina gratis?*

Más tarde le dije a papá que me sentiría culpable de tener relaciones sexuales con una mujer casada porque me preocupaba su marido. Me comprometí a no tener sexo con mujeres casadas, sólo con mujeres solteras. Y había muchas jóvenes solteras dispuestas a darte sexo a cambio de gasolina gratis.

Quizás era mi pelo largo y mi sonrisa lo que atraía a las mujeres, o quizás era la gasolina gratis. Incluso hubo hombres homosexuales que intentaron ligar conmigo a cambio de gasolina gratis, pero me mantuve alejado de ellos.

Un día, uno de mis compañeros de trabajo hizo un pequeño agujero del tamaño de una moneda en el techo del baño de mujeres. Disfrutaba viendo a las mujeres a través de la mirilla mientras se sentaban en el asiento del inodoro para limpiarse el culo.

Pensé; *¡es de enfermos ver a una mujer hacer caca y cómo se limpia el culo!*

Nuestro hogar ya nunca será el mismo

Un día que estaba trabajando solo, una joven delgada de pelo negro me pidió que llenara su coche de gasolina. Me preguntó: "¿dónde está el baño de mujeres?".

Le señalé el baño que estaba al lado de la oficina.

Me vino a la mente algo maligno. Decidí ir al ático y arrastrarme para echar un vistazo por la mirilla. Quería ver por qué el compañero de trabajo disfrutaba viendo a las mujeres orinar o hacer caca.

¡Guau! Vi a la joven sentada en el asiento del inodoro. De repente, moví la pierna derecha debido a un calambre muscular; e hice un ruido.

La chica miró lentamente hacia el techo. Miraba fijamente el pequeño agujero en el techo. Sin duda, se estaba concentrando como un perro de presa en el agujero.

Lentamente aparté el ojo de la mirilla y pensé, *¿me vio mirar por el pequeño agujero?*

Mientras la chica buscaba rápidamente el papel higiénico para limpiarse el trasero, me asusté y salí a gatas del ático. Una vez que bajé al suelo, corrí por la oficina y salí hacia el surtidor de gasolina como si no hubiera pasado nada. La chica caminaba rápidamente hacia su coche; estaba asustada. Dijo, nerviosa: "¡he oído algo en el techo del baño de mujeres! Hay un pequeño agujero en el techo".

Le pregunté: "¿Has visto algo?".

"No".

Le dije: "hay ratas en el techo. Se lo diré a mi jefe".

Después de pagar la gasolina, la chica se subió al coche y se marchó.

Pensaba; *tuve suerte de que no me identificara.*

El Sr. Phillips, con el tiempo, identificó al empleado que hizo el agujero. Nadie supo jamás que eché un vistazo por ahí, excepto Dios.

Capítulo 58

Me van a disparar por la espalda

Después de unos meses de echar gasolina, estaba trabajando solo en la gasolinera. Era la primera vez que trabajaba solo en el turno de noche. Antes de que el Sr. Phillips se fuera por la noche, me dijo: "si alguien intenta robarte esta noche o cualquier otra, no entres en la oficina de atrás. Si lo haces, el ladrón te matará. Quédate en la zona de afuera, cerca de los surtidores, para que los clientes puedan ver cómo te roban, sobre todo si las fuerzas del orden pasan por la estación. El atracador no te dispararía al aire libre".

Era una calurosa noche de verano, y yo estaba ocupado echando gasolina a un montón de clientes. No tuve tiempo de guardar el dinero en la caja fuerte de la oficina. Además, estaba reparando un neumático pinchado para un cliente dentro del garaje.

De repente, una voz interior me dijo que sacara el dinero del bolsillo derecho y lo escondiera en el calcetín. Sin pensarlo más, puse el dinero en mi calcetín izquierdo.

En pocos minutos, un Mercury gris de cuatro puertas con dos jóvenes de aspecto desaliñado se detuvo junto a los surtidores de gasolina. Mientras salía rápidamente hacia el coche, vi cómo el conductor se bajaba y miraba a su alrededor. El pasajero saltó del coche y se puso al lado del surtidor de gasolina.

Sin decirme nada, el conductor se dirigió a la oficina principal. Luego entró en el garaje y vio al cliente de pie junto al neumático pinchado. El cliente no tenía ni idea de lo que estaba pasando. Sólo le preocupaba que volviera para reparar su neumático pinchado.

El pasajero dijo: "oye, tío, ¿puedes comprobar el líquido de la transmisión?".

Levanté el capó del coche y me incliné para comprobar el líquido. De repente, el pasajero me golpeó en la espalda y me susurró en la oreja derecha: "no te muevas o te mato, hijo de puta".

Le dije: "¿qué estás haciendo?".

Me volvió a pinchar y me dijo: "¡cállate de una puta vez!".

Luego me dio una bofetada en la cara y me dijo que entrara en la oficina donde me esperaba el conductor. Recordé lo que mi jefe me dijo ese mismo día; *te matarán una vez que estés en la oficina trasera.*

De repente le dije al pasajero: "¡no! Hay policías circulando por todas partes por esta zona".

Volvió a darme una fuerte bofetada en la cara y bajó sus manos rápidamente por mis piernas, donde encontró el dinero en efectivo escondido dentro de mi calcetín.

Estaba sorprendido y pensaba; *¿cómo sabía que tenía el dinero en el calcetín?*

El conductor salió entonces de la gasolinera. Tanto él como el pasajero me agarraron por la cintura y los brazos, obligándome a entrar con ellos en la oficina.

Les grité: "¡hombre! Algunos policías y clientes podrían veros robándome".

El conductor me soltó el brazo y se acercó a cerrar el capó del coche. Luego, se colocó al volante.

En ese momento, estaba en un estado de sueño y pensé; *me va a disparar en la espalda y a dejarme tirado en el suelo, luchando por mi vida.* El pasajero me soltó del brazo y se dio la vuelta con su pequeño revólver negro en su mano derecha.

Estaba muy enfadado; *tenía una oportunidad de golpear al tipo en la cabeza y quizás arrebatarle la pistola. Pero no podía ni mover el cuerpo. Me sentía como si alguien me estuviera ayudando a no volver a pelear.*

El pasajero metió el revólver negro en la cintura delantera de sus pantalones y se subió al asiento del copiloto. Se marcharon y me dejaron allí de pie, observando cómo conducían lentamente por la carretera.

El cliente de la gasolinera gritó: "¿estás bien?".

"Sí, estoy bien. Gracias", contesté.

Estaba flipando. Todavía estaba vivo y no me habían disparado por la espalda. Inmediatamente, llamé a la policía, y en pocos minutos, dos policías estatales llegaron a la estación. Les di una descripción de los ladrones y de su coche. Les dije a los policías: "dos jóvenes de aspecto desaliñado me robaron el dinero que tenía escondido en mi calcetín. Uno de los atracadores me apuntaba con una pistola a la espalda y me golpeaba en la cara con la mano. Pensé que me iban a disparar por la espalda".

El policía estatal dijo: "esos son los mismos ladrones que violaron a una mujer dentro de su coche esta noche en el centro comercial donde trabajaba. Robaron el coche de la mujer y luego vinieron aquí a robarle a usted. Ella tiene suerte de estar viva. Y tú también".

Mientras hablaba con el policía estatal, el cliente arregló su propia rueda pinchada y se alejó lentamente de la estación sin despedirse ni pagar el servicio.

¡Me alegré mucho de haber puesto el dinero en mi calcetín! Dios sabía que no era el momento de morir. Necesitaba escuchar y confiar en el Señor.

De nuevo, pensé lo que dijo alguien en la iglesia bautista de Plum Creek; *un tiempo para nacer y un tiempo para morir. Pero hoy, sobreviví.*

Dejé mi trabajo y ese fue el fin de mi carrera en la gasolinera Texaco y de llevar mi uniforme verde con la estrella roja.

Larry Ray Hardin and Dianne DeMille, PhD

Capítulo 59

Entregó a su único hijo

Mamá dijo: "Daniel, cuando tu papá llegue del trabajo háblale de los conejos que hay en el jardín. Además, dile que quieres un guante de béisbol para jugar con los niños del vecino".

Escuché a Doodle Bug diciéndole a mamá que iba al jardín a mirar sus fresas. Estaba molesto porque los conejos salvajes se la estaban comiendo.

James Daniel (Doodle Bug)

Después de un rato, papá entró en la casa.

Preguntó: "¿dónde está Daniel?"

"Daniel está en el jardín. Los conejos se están comiendo sus fresas".

Papá entró en su dormitorio y cogió su escopeta del calibre 12 que guardaba en un rincón. Con la escopeta en la mano, salió por la puerta de la cocina para buscar a Daniel.

A los pocos minutos, oí a Bubbie entrar corriendo en la casa gritando y pidiendo que alguien llamara a la ambulancia. Pensé que papá se había disparado accidentalmente y salí corriendo a buscarlo.

Me preguntaba, *¿se disparó papá accidentalmente? No oí ningún disparo. ¿sufrío un ataque al corazón? ¿qué le pasó?*

Entonces oí a papá gritar dentro del garaje. Rápidamente miré en el garaje y vi a Doodle Bug tumbado en los brazos de papá.

Papá estaba llorando y gritando en voz alta.

Nos gritó: "dejadlo en paz. Se ha ido". Empujé a papá a un lado y me situé encima del pecho de Doodle Bug. Bubbie empezó a hacerle la respiración boca a boca. Entonces Linda Lou intentó respirar en su boca. Yo seguí presionando el pecho de Doodle Bug. Intentamos salvar la vida de nuestro hermanito. Pronto llegó la ambulancia. Mamá se quedó mirándome cuando negué con la cabeza. Ella sabía que estaba muerto.

En la sala de urgencias del hospital, mamá dijo que cuando iba en la ambulancia, "me quedé mirando la cara azul claro de

Daniel, rogándole a Dios que se salvase. Oí la voz de Dios susurrarme en el corazón, diciendo EL entregó a su único hijo."

Nos contó que varias veces mamá escuchó la voz de Dios en la ambulancia mientras le rogaba a Jesús que salvara a su pequeño. Entonces, de repente, sintió que Daniel se pondría bien.

Después de llegar a la sala de urgencias, mamá dijo rápidamente: "Daniel ha muerto".

Le pregunté a la enfermera si podía ver a mi hermanito.

Solo, entré en la pequeña sala blanca y fría. En medio de la sala de exploración, vi la cara de Doodle Bug y una sábana de lino blanca que cubría su cuerpo tendido en una mesa de metal plateada. Me incliné hacia él, mirándole a la cara, y le susurré al oído: "te quiero. Lo siento, Doodle Bug". Creo que mi hermanito me oyó. Su cara parecía muy tranquila y hermosa tumbada sobre la mesa.

Doodle Bug tenía 11 años cuando papá lo encontró tirado en el suelo del garaje. Se había colgado accidentalmente con una manguera de goma del jardín.

Era el 14 de junio de 1977 cuando Daniel volvió a casa.

Larry Ray Hardin and Dianne DeMille, PhD

Capítulo 60

¡Oh Dios mío! ¿dónde está Daniel?

Varios años después, papá y yo estábamos pescando en uno de los estanques del Sr. Wheeler en Big Plum Creek. Papá mencionó que a Daniel le gustaba ir a pescar con él a ese mismo estanque.

Papá me dijo: "después de la muerte de Daniel, lloré mucho. Le eché mucho de menos. No dejaba de preguntarle a Dios: "¿dónde está Daniel?".

Papá me miró y dijo: "un día, estaba en mi habitación, solo y llorando mucho por la forma en que Daniel se quitó la vida. De repente, oí a mi padre (el abuelo Hardin) gritarme desde fuera de la ventana del dormitorio Junio, ¿por qué preguntas, dónde está Daniel?"

Papá dijo: "no podía ver a mi papá por los árboles, pero su voz era muy clara viniendo de allí, y papá me preguntaba de nuevo, 'Junior, ¿por qué le preguntas a ÉL dónde está Daniel?"

Entonces papá dijo: "pude sentir que papá ya caminaba por el camino de entrada hacia la casa. Pero no podía verlo. Traté de buscar a papá, pero no pude verlo. Entonces, volví a escuchar su voz tan fuerte y clara mientras se acercaba a la ventana exterior del dormitorio diciendo: '¿por qué le preguntas a ÉL dónde está Daniel?' Entonces le pregunté a papá otra vez, '¿dónde está Daniel?' Papá me dijo: 'está allí con Ima (la abuela Hardin)'. Miré para ver si mamá y Daniel estaban allí. Pude oír a mamá y a Daniel riéndose, pero no pude verlos. Entonces papá me dijo: "deja de preguntar dónde está Daniel", él está bien.

Entonces papá me dijo: "después de que papá me dijera que Daniel estaba bien, nunca más le pregunté a Dios: "¿dónde está Daniel?""

Cuando papá quería estar solo, paseaba por detrás de la casa y se sentaba bajo un arce de agua que había plantado Daniel. Sentarse bajo ese árbol era religión para papá.

Una vez, cuando papá pensó que estaba solo bajo el arce de agua, lo escuché hablando con Dios y con Jesús. Pensé: "*¿está papá preguntándole a Dios cómo está Daniel hoy?*

Capítulo 61

Esperar al matrimonio para tener sexo

Encontré un trabajo en el hospital local trabajando como asistente de cirugía y más tarde en el departamento de mantenimiento. Una vez más, como en la gasolinera, vi mucha marihuana y sexo disponible durante y después del trabajo por parte de algunas de las mujeres del hospital.

Estaba confundido sobre por qué algunos de mis compañeros de trabajo fumaban marihuana en el hospital. El sexo no era un problema con algunas de las enfermeras solteras y conmigo, pero algunas de ellas fumaban marihuana. Era una locura.

Tenía tres enfermeras y dos auxiliares de enfermería con las que salir en cualquier momento. Cuando quería una cita, llamaba a una de ellas para saber si estaba disponible para ir a bailar y beber cerveza después del trabajo. No podía con más de cinco mujeres. No era capaz de ahorrar nada de dinero después de tanta fiesta.

Mi novia favorita era una enfermera pelirroja llamada Rose. Tenía el pelo largo y rojo. Era un poco gruesa de cintura, pero tenía una hermosa sonrisa y se reía de todo lo que yo decía.

A Rose le encantaba beber cerveza y comer pez gato. Estaba prometida para casarse, pero eso nunca le impidió salir conmigo cuando su novio viajaba fuera de la ciudad por negocios.

Tras un par de años trabajando en el hospital, encontré a una chica llamada Sally Lee. Era atractiva y tenía un buen corazón. En nuestra primera cita, me dijo: "estoy esperando a casarme para tener sexo". Me dio la impresión de que era virgen.

Sally Lee tocaba el piano en una iglesia bautista del sur en Jeffersontown, donde sus padres eran miembros muy activos. Yo me preguntaba; *es virgen, va a misa, y es enfermera. Creo que he encontrado mi verdadero amor.*

¡Guau! Unos días después, estaba sentado en un sofá marrón con Sally Lee mientras sus padres estaban en la cocina. Ella se tumbó en el sofá y se subió el vestido. No llevaba bragas.

Nuestro hogar ya nunca será el mismo

Más tarde, aturdido pensaba; *Sally Lee quería esperar a casarse para tener relaciones. Estaba equivocado al pensar que era virgen.*

Después de que papá y mamá conocieran a Sally Lee, papá me dijo: " esa chica no te conviene. No está preparada para casarse". A mamá tampoco le gustaba.

Papá me dijo: "vigílala cuando haya otros hombres cerca. Cuando la dejes en casa de sus padres, vuelve a ver qué pasa"

Me preguntaba; *¿por qué decían papá y mama eso de Sally Lee? Ni siquiera la conocían.*

Me negué a escuchar la opinión de mis padres hasta que, una calurosa noche de verano, mi futura esposa me dijo: "estoy un poco cansada. Quiero ir a casa".

Dejé a Sally Lee en casa de sus padres y me fui en coche. Después de recorrer varios kilómetros, me puse a pensar; *tiene un comportamiento raro esta noche y no parece que esté enferma. ¿Será verdad lo que dijo papá sobre ella hace unos días?* De repente, di la vuelta con mi coche y regresé a la casa de los padres de Sally Lee.

Antes de llegar a la entrada, vi a mi futura esposa abrazando y besando a un hombre en el porche. No podía creer lo que estaba haciendo con el hombre. Ya era de noche y las luces del porche estaban encendidas. Podía verla claramente. *¡ qué estupidos parecían!*

Estaba desilusionado; *estaba seguro de que no era la primera vez que me engañaba. Papá y mamá tenían razón sobre que Sally Lee me era infiel.*

Llegué a la entrada, salí lentamente del coche y me acerqué al porche. Mientras me acercaba, estuve a punto de subir al porche para abofetear al tipo en la cara, pero en lugar de eso, casi le doy a Sally Lee en la boca.

Me preguntaba; *ese hombre al que estuve a punto de abotetear va a la misma iglesia donde van Sally Lee y sus padres. El hombre debe haber estado esperando dentro de la casa de sus padres cuando la dejé. Me pregunto dónde aparcó el coche.*

De repente, Sally Lee saltó del porche y se lanzó a mis brazos y me mordió en el pecho. Me quedé mirando sus grandes ojos marrones mientras me mordía con fuerza. No sentí ningún dolor. Por fin se detuvo y la aparté de un empujón. Me di la vuelta y, sin mirar atrás, me subí al coche y me fui.

Mientras conducía a casa, empecé a llorar y a jurarme a mí mismo que nunca más dejaría que otra mujer se burlara de mí. Había renunciado a todos mis amigos del hospital por ella.

Estaba triste; *estaba a punto de sentar la cabeza y formar una familia con Sally Lee. Debí haber escuchado a papá y mamá.*

Nunca más volví a ver a Sally Lee. Y, en ese momento, renuncié a encontrar a mi verdadero amor.

Me dirigí a la propiedad en Big Plum Creek que compré al Sr. Pops. Había planeado construir un hogar con Sally Lee y criar a nuestros dos hijos. Me senté en mi coche y lloré toda la noche hasta el día siguiente.

A la mañana siguiente, temprano, papá llegó a la propiedad en su camioneta Chevy buscándome. Le dije: "papá, tenías razón sobre Sally Lee. Anoche me hizo sentir como un idiota".

Papi dijo: "ven a casa cuando estés listo".

¿qué voy a hacer ahora?

""Confía en el SEÑOR con todo tu corazón y no te apoyes en tu propia inteligencia; reconócelo en todos tus caminos, y él enderezará tus sendas" (Proverbios 3:5-6)

Capítulo 62

El hombre de la cruz de madera

Al cabo de unos meses, tumbado en la cama de casa, pensando en lo que quería hacer con el resto de mi vida. Quería viajar y ver el mundo. Bubbie se alistó en la Marina a los diecisiete años y viajó por todo Estados Unidos y las islas del Pacífico Sur.

Me preguntaba; *quizás haga como Bubbie, me alistaré en la Marina y viajaré por el mundo.*

De repente, me encontré caminando por una colina rocosa. No había árboles ni arbustos en la colina. Parecía de día, pero cuando miré hacia arriba, el cielo estaba casi oscuro. Frente a mí, vi una cruz cuadrada de madera con los pies de alguien clavados en él. Estaba tan cerca de los pies ensangrentados que podía tocarlos con la mano.

Luego, vi lo que parecían ser tres hombres o más de pie cerca de la cruz de madera, vestidos con ropas extrañas y con espadas a los lados. Uno de los hombres llevaba un palo largo en forma de lanza. Podía ver otra gente lejos de la cruz. Llevaban túnicas osuras.

Pensaba; *las piernas del hombre colgado en la cruz de madera tenía cortes profundos, pero la sangre era roja oscura y estaba seca. Estos tres hombres junto a la cruz están matando a alguien. ¿es real o es un sueño?*

Enseguida, miré a mi alrededor. Vi a una señora triste y a un joven de pie junto a la cruz de madera. Me miraron con tristeza en los ojos. El joven estaba de pie muy cerca de la señora, y no estaban llorando. Me di cuenta de que tenían los ojos negros y la piel morena. Llevaban túnicas marrones y la señora tenía un pañuelo oscuro que le cubría la cabeza.

Me di la vuelta rápidamente y me puse frente a la cruz de madera. Quería tocar las piernas para asegurarme de que no era un sueño. De repente, no estaba seguro de lo que acababa de ocurrir, pero vi que uno de los tres hombres levantaba rápidamente lo que parecía una lanza. Sentí que algo terrible acababa de ocurrir. No escuché al hombre de la cruz gritando y llorando ni a nadie cerca de la cruz. Estando a pocos centímetros, miré rápidamente hacia arriba y vi el cuerpo de un hombre casi desnudo. No pude ver su cara pero, el agua rojiza bajaba desde su cuerpo hasta sus piernas y pies.

Entonces parte del agua rojiza del hombre de la cruz me salpicó el pelo, la cara y los brazos. Luego vi el agua rojiza en mis manos y hombros.

Me di cuenta de que el agua rojiza procedía del hombre de la cruz. Grité: "por favor, que alguien le ayude". Me quedé solo con el hombre. Entonces miré los pies, las piernas y el cuerpo del hombre. Su cuerpo estaba marcado con rayas rojas secas y sangrientas. Quería ver la cara del hombre. Cuando levanté la vista hacia su rostro, una luz brillante me cegó. La intensa luz del rostro del hombre me hizo caer al suelo y acabé de rodillas. Estaba confundido: *la cara del hombre era como el sol, pero más brillante. La luz de su cara era brillante y tranquila.*

¿Quién es este hombre en la cruz de madera?

Tras unos segundos con las rodillas en el suelo, me levanté lentamente y comencé a alejarme. No había nadie en la colina con el hombre moribundo en la cruz de madera, excepto yo.

Cuando me aparté del hombre y empecé a bajar la pequeña colina rocosa, oí la voz del hombre que me decía con voz suave: "sé mi discípulo".

De repente me susurré a mí mismo; *esto no puede ser un sueño*.

Me alejé sin ayudar a Jesús.

Me di cuenta de que Jesús no estaba muerto en la cruz de madera; Jesús estaba vivo, y ÉL me estaba ayudando a no caminar por el camino del diablo, sino a creer en ÉL. Después de varios días, fui a la iglesia bautista de Plum Creek para decirle al reverendo, el Hermano Wayne, que vi a Jesucristo vivo en la cruz de madera. El hermano Wayne fue nuestro guía espiritual familiar mientras luchábamos por nuestra fe tras la pérdida de Jimmy y Doodle Bug.

Le dije al hermano Wayne: "Jesús no murió en una cruz de madera. Jesús está vivo. Jesús dijo: 'yo soy la luz del mundo; el que me siga no caminará en la oscuridad, sino que tendrá la luz de la vida'. Vi la luz en SU rostro".

El hermano Wayne me dijo: "no fue un sueño".

Ahora comprendo, *"Con Cristo he sido crucificado, y ya no soy yo el que vive, sino que Cristo vive en mí* (Gálatas 2:20).

Le pregunté al hermano Wayne: "¿puede bautizarme en el agua de Plum Creek, bajo el puente de Waterford?".

Un domingo por la tarde, el hermano Wayne me sumergió en el agua de Plum Creek, cerca del puente de Waterford, con la presencia de algunos miembros de la iglesia Bautista de Plum Creek. A los 25 años, fui bautizado en el nombre de nuestro Señor Jesucristo.

Después de unos meses, dejé mi trabajo en el hospital y me alisté en la Marina. Quería un cambio en mi vida, un destino diferente para viajar. Necesitaba confiar en el Señor y luchar contra mi mayor enemigo: yo mismo.

Después de la muerte de papá, el 4 de febrero de 2018, mi primo Glenn dijo: "cuando estabas en el ejército, tu papá fue bautizado en la iglesia bautista de Plum Creek".

Larry Ray Hardin and Dianne DeMille, PhD

Papá nunca me dijo que había sido bautizado.

Chapter 63

El Puente de la carretera de Big Plum Creek

Me alisté en la Marina a los 25 años como asistente de capellán. Fue difícil dejar a papá y a mamá. Con la ayuda del Señor Jesús y un fuerte valor familiar de trabajo duro, decidí obtener un título universitario en la Marina. Quería ser capellán militar.

Antes de salir de casa, papá dijo: "correrá mucha agua por el puente de Big Plum Creek hasta que vuelvas a casa".

Y pensaba; *mi hogar ya no será el mismo una vez que deje Big Plum Creek.*

Le dije: "papá, sólo son cuatro años en la Marina".

Pasé seis años en la Marina y tuve la oportunidad de ahorrar dinero para construirme una casa en Big Plum Creek. Fui a la escuela después del trabajo y los fines de semana. Con el tiempo, obtuve una diplomatura en Humanidades, una licenciatura en Ciencias y dos Masters en Humanidades.

Mientras estaba en el ejército y trabajando en España, me casé con mi mejor amiga, compañera y maravillosa cocinera,

343

Catalina. No estaba seguro si ella quería vivir tan lejos de su familia en España y vivir en América. *Gracias, Señor Jesús.*

Decidimos no tener hijos de inmediato.

Pensaba; *estaba seguro de no querer tener niños si nos divorciábamos.*

Además, mamá siempre me decía: "Larry Ray, si alguna vez te casas, es posible que no puedas tener hijos. Tuviste paperas de pequeño. Las paperas podrían haber afectado a tus (testículos)".

Más tarde, le conté a un médico de Yuma, Arizona, lo que mi madre había dicho sobre las paperas. El médico me explicó que las paperas podían hacer que los espermatozoides fueran débiles e incapaces de viajar hasta "su dulce hogar". Los espermatozoides necesitaban un poco de ayuda para alcanzar el objetivo de dejar embarazada a una mujer.

¡Vaya! Las paperas hicieron débiles mi esperma. Esa es la razón por la que Catalina nunca se quedó en estado.

No le dije nada de esto a Catalina hasta años después.

Nuestro hogar ya nunca será el mismo

Capítulo 64

Un indio Cherokee de Big Plum Creek

Tras dejar el ejército, empecé a buscar trabajo en Louisville (Kentucky) y San Diego (California). En aquella época, las ciudades tenían guías telefónicas con páginas amarillas que enumeraban los nombres y las empresas alfabéticamente por categorías. Todavía no se habían inventado los teléfonos móviles, los buscapersonas ni Internet.

Al no encontrar trabajo en Louisville, Catalina y yo nos trasladamos a California. Decidimos mudarnos con su hermana en Oceanside y buscar un trabajo en el gobierno federal.

Más tarde, encontré un trabajo en San Diego, California, en el Servicio de Inmigración y Naturalización (INS por sus siglas en inglés). Me contrataron para revisar la situación legal de miles de solicitantes que intentaban vivir en Estados Unidos.

Luego trabajé como oficial correccional (guardia de prisiones) en la Oficina Federal de Prisiones de San Diego. Muchos de los presos (traficantes de mujeres, niños y drogas) procedían de organizaciones criminales de América Central y del

346

Sur. Muchos de los prisioneros que no eran ciudadanos fueron

arrestados por transportar drogas y distribuirla por todo los Estados

Unidos. La mayoría de ellos entraban ilegalmente por la frontera

suroeste y mexicana.

La mayoría de los presos venían en condiciones

lamentables de sus propios países. En la cárcel, como guardia,

observé que los presos recibían tres comidas saludables al día,

aprendían inglés si querían, se sometían a revisiones médicas y

dentales, continuaban su educación, recibían un pago por el trabajo

que realizaban dentro de la prisión, asesoramiento legal; todo

pagado por los contribuyentes estadounidenses.

Los medios de comunicación liberales y la política

democrática protegían a los "presos minoritarios" aunque no fueran

ciudadanos estadounidenses.

Hubo varios momentos en la prisión federal en los que me

sentí como un prisionero, no como un guardia.

Empecé a buscar en las páginas amarillas del condado de

San Diego los números de teléfono de las fuerzas del orden. Llamé

a la Oficina Federal de Investigaciones (FBI) y al Servicio Secreto de San Diego para ver si estaban contratando. Les hablé de mi servicio"

No estamos contratando", dijo el FBI.

Más tarde llamé a la oficina del Servicio Secreto y el agente me dijo que fuera a verlo. Al cabo de una semana, me reuní con un agente del Servicio Secreto en su oficina del centro de la ciudad, en el Edificio Federal. Le hablé al agente de mis títulos educativos y mi experiencia laboral mientras estaba en la Marina y en el Cuerpo de Marines. Le dije al agente: "mi esposa es de España; tiene un título universitario y es ciudadana estadounidense".

El agente preguntó: "¿su esposa también está buscando un trabajo en el Gobierno Federal?".

Asentí con la cabeza, y entonces el agente me dijo: "¡mire! su educación y su experiencia militar le cualifican para el trabajo en el Servicio Secreto, pero tiene que cambiar su apellido por el de su mujer".

Nuestro hogar ya nunca será el mismo

Por un momento, pensé que el agente estaba bromeando y le pregunté: "el apellido de mi mujer es Gómez. ¿por qué tengo que usar su apellido?".

"El Congreso quiere que el Servicio Secreto y otras agencias federales contraten a minorías", me dijo.

"Soy ciudadano estadounidense de nacimiento, nacido en Kentucky. Tengo familia y parientes que lucharon por este país, empezando por el coronel John Hardin y el capitán William Hardin (Big Bill), que sirvieron en el Ejército Continental en la Guerra de la Independencia y en las Guerras Indias del Noroeste. Hubo Hardin que murieron en Pearl Harbor y en las demás guerras", expliqué.

Yo también serví con honores en el ejército y tengo dos maestrías. ¿Qué debería hacer? ¿cree que debo cambiar mi apellido de Hardin a Gómez? ¿está diciendo que tengo que cambiar mi apellido por el español para conseguir un trabajo en el Servicio Secreto y en el Gobierno Federal? Esto no es correcto", me enfadé.

""Lo siento", dijo el agente. "Puedo aceptar su solicitud y ver qué pasa".

Salí de la oficina del Servicio Secreto decepcionado por el hecho de que el Congreso de EE.UU. estuviera presionando a las agencias policiales federales para que contrataran solo a minorías. Al pasar por la oficina de la Oficina Federal de Investigación (FBI), vi en la puerta principal un cartel que decía que el FBI estaba contratando. Alguien del FBI me dijo que no estaban contratando.

Ahora, sí que estaba molesto; *el FBI probablemente quiera minorías también.*

Entonces, recordé que mamá me dijo que su bisabuelo era un indio cherokee de Kentucky.

¡Vaya! puede que yo sea de minoría india.

Fui a la oficina del FBI y rellené una solicitud de empleado. La solicitud quería saber mi raza y color. Marqué en la casilla "soy blanco" y escribí en el espacio "soy indio americano de la Nación Cherokee".

En dos semanas, recibí una carta del FBI para presentarme en la oficina de San Diego para una entrevista de trabajo.

Nuestro hogar ya nunca será el mismo

Estaba emocionado; *tengo una entrevista con el FBI porque soy indio Cherokee, y eso me convierte en minoría.*

Varios días después, entré en la oficina del FBI vestido con un traje gris que había comprado por cinco dólares en la tienda del Ejército de Salvación de Oceanside, California. La señora del FBI sentada detrás del escritorio gris metálico me preguntó: "sí, ¿puedo ayudarle?".

Le di mi carta del FBI y le dije: "estoy aquí para una entrevista de trabajo".

Me miró algo confusa y luego dijo: "tienes que ir a la sala de espera y esperar instrucciones".

Cuando entré en la sala de espera, enseguida vi que solo había personas negras y morenas sentadas en las sillas. Yo era el único indio cherokee blanco en la sala. Me fijé en otros dos hombres blancos con trajes oscuros que estaban de pie delante de la sala. Alguien dijo: "los dos hombres son instructores del FBI."

Me senté feliz pensando; *funcionó la solicitud del FBI en la que marqué indio americano. Tengo una entrevista con el FBI porque soy Cherokee. Mamá estaría orgulloso de mí.*

A los pocos minutos, uno de los instructores de la sala me miró y me preguntó: "¿cómo te llamas?".

"Larry Ray Hardin".

"¿De dónde eres?"

"Taylorsville, Kentucky".

"¿Marcaste que eres indio americano en la solicitud?"

Dije: "sí, señor".

"¿Qué clase de indio es usted?", preguntó el instructor del FBI.

Le dije al instructor: "indio cherokee. Mamá siempre decía que tenemos sangre cherokee porque su bisabuelo era un indio cherokee de pura cepa".

Ambos instructores sonrieron, y uno de ellos preguntó: "¿tienes documentos tribales indios contigo?".

"¿Qué son los documentos tribales?" pregunté.

Entonces el instructor dijo: "¿sabes hablar español?".

Me preguntaba; *¿por qué piensa el FBI que se hablar español? ¿hablan los indios Cherokee español? Catalina es*

española, y me habla en español cuando está digustada. Pero no
es india.

Miré a ambos instructores del FBI y dije con orgullo, "sí, sé
hablar español."

Pensé; *¿puedo ir a la cárcel por mentir al FBI?*

Entonces, uno de los instructores me acompañó a otra sala.
La sala era muy pequeña, sin ventanas, y un hombre hispano
estaba sentado solo en una pequeña mesa cuadrada de metal. El
instructor dijo: "ambos tendrán que escuchar la grabadora que está
sobre la mesa para recibir instrucciones en español.

"Después de escuchar la cinta en español", nos dijo el
instructor, "escriban las respuestas en inglés en los papeles que les
voy a dar. Tenéis una hora para el examen de español. ¿Tenéis
alguna pregunta?". Entonces el agente preguntó: "¿Está todo
bien?".

Los dos asentimos. Luego salió de la habitación. A los
pocos segundos, empecé a escuchar la grabadora en español. Yo
estaba desilusionado; *no comprendía las palabras en español de la*

grabadora. Miré al tipo hispano y le susurré, "¿cómo vas con el examen de español?"

El hispano susurró: "hombre, esto es difícil. No puedo entender algunas de las palabras en español de la grabadora".

"¿De dónde eres?" pregunté.

"Vivo en San Diego, pero mi familia es de TJ".

Dije: "¿qué? ¿Tijuana, México?".

Después de una hora, el instructor del FBI entró en la sala y dijo: "el examen de español ha terminado. Dentro de unas semanas, tendrá noticias del FBI sobre sus resultados del examen".

Más tarde, recibí una carta del FBI por correo. La carta decía que no había aprobado el examen de español.

Y dije; *¡qué sorpresa! creo que el tipo hispano consiguió trabajo con el FBI porque era minoría y de Tijuana, México.*

Capítulo 65

Whisky ilegal y cerveza

Después de las entrevistas con el Servicio Secreto y el FBI, seguí buscando en la guía telefónica y vi un listado de la Administración para el Control de Drogas (DEA). No sabía qué era la DEA, así que llamé al número y hablé con un reclutador. El reclutador de la DEA me contó su historia sobre cómo le dispararon en el cuello y la cadera, le hirieron y casi le mataron durante un caso de narcotráfico encubierto en Chicago.

Pensé en lo que dijo el reclutador de la DEA cuando casi lo matan trabajando en narcóticos, pero lo que dijo no me disuadió. La historia del reclutador me acercó a pensar que podría querer ser un agente de la DEA.

Le dije al reclutador: "tengo dos maestrías y acabo de salir del ejército. ¿Podemos reunirnos?"

Unos días después, me reuní con el reclutador, un tipo llamado Gus, en la oficina de la DEA en National City, California. Gus llevaba unos vaqueros azules ajustados, una gran hebilla de cinturón de color dorado, botas de vaquero marrones y un sombrero de vaquero beige.

Gus dijo: "hola, déjame mostrarte mi oficina y conocer a algunos de los agentes que están trabajando en el caso de Kiki Camarena. Kiki fue uno de nuestros agentes de la DEA secuestrado en México por policías corruptos y torturado hasta la muerte".

Me molestó que un agente de la DEA fuera torturado y asesinado por policías corruptos. Me impresionaron mucho Gus y los demás agentes de la DEA que conocí en la oficina; cómo iban vestidos, cómo llevaban sus armas y cómo actuaban.

Pensé; *¡vaya!, si vas a hacer trabajos policiales en las calles, esto es lo que hay que hacer. De repente, sentí una voz interior que me decía lo que tenía que hacer.*

Gus dijo: "quiero que revises algunos papeles de selección de personal para entender nuestra misión en la DEA".

Luego, me pidió que volviera para una entrevista.

"Estoy deseando verte de nuevo. ¿Está bien la próxima semana?" le pregunté a Gus.

Nuestro hogar ya nunca será el mismo

Al cabo de una semana, llamé a Gus para hablar de la entrevista. Me dijo: "¿puedes venir mañana a mi oficina?".

Al día siguiente estaba en el despacho de Gus. Me preguntó: "¿han arrestado alguna vez a alguien de tu familia?".

Le dije a Gus, "sí, al abuelo Johnson.

Mamá nos dijo que la policía arrestó al abuelo cuando fabricaba whisky ilegal dentro de una cueva en alguna parte de New Haven, en Kentucky. El abuelo necesitaba dinero para comprar comida y ropa para los hermanos y hermanas de mamá. Su padre fue a prision durante cinco años por fabricar whisky ilegal," le explique.

Botellas de whisky: Mamá, Larry Ray, tío JT y papá

Gus preguntó: "¿Algún otro detenido en la familia de tu madre?"

"Bueno, mamá dijo que su hermano fue a la cárcel por robo a mano armada. Su hermano menor también fue a la cárcel. Dijo que en realidad no robó un banco; sólo condujo el coche que sus compañeros utilizaron cuando salieron del banco. Su hermano menor cumplió cinco años de prisión por el robo de un banco aunque dijo que nunca cometió ningún delito".

"¿Hay alguien más que haya sido detenido y haya ido a la cárcel por parte de la familia de tu madre?", preguntó Gus.

Respondí: "no. Creo que no".

Entonces Gus preguntó: "¿qué hay de la familia de tu padre? ¿han arrestado a tu padre alguna vez?"

"Papá fue arrestado y fue a la cárcel varias veces cuando era joven por beber y pelearse en público, por conducir de forma temeraria y por hacer carreras de aceleración con su coche en Taylorsville, Kentucky", expliqué.

"¿Y los hermanos de tu padre?", preguntó Gus.

Dije: "no. Pero si mis tíos y tías hicieron algo malo, nunca los pillaron".

Gus se rió.

"Y tú, ¿alguna vez te arrestaron?", preguntó Gus.

Nuestro hogar ya nunca será el mismo

"Sí. Me arrestaron por correr desnudo en un partido de sóftbol de la iglesia para chicas en Taylorsville. Estuve en el calabozo de Taylorsville por unas horas y después pagué al juez del pueblo una multa por comportamiento indecente, respondí.

"También pagué varias multas en efectivo a algunos policías del pueblo por exceso de velocidad y conducción temeraria en Taylorsville, pero nunca fui a la cárcel. A veces los policías me paraban y registraban mi coche. Si encontraban alcohol ilegal o cerveza bajo el asiento de mi coche, se lo llevaban sin acusarme".

Entonces Gus dijo: "voy a llamar a tu madre para contarle que te han detenido y lo que pasó en el partido de sóftbol de la iglesia. No digas nada mientras hablo con ella por teléfono".

Cuando puso a mamá al teléfono, Gus dijo. "hola, ¿Sra. Hardin?"

Después de que Gus se presentara y explicara por qué llamaba por mi mala conducta pasada con la ley, mamá le dijo inmediatamente: "Larry Ray es un buen hijo. Su papá y yo nunca tuvimos problemas con él. Estamos orgullosos de Larry Ray. Mi otro hijo Jeffrey es el que tiene problemas con la policía en Taylorsville. Jeffrey fue arrestado por cultivar marihuana y fue a la cárcel por unos días", explicó mamá.

Gus dijo: "bien, Sra. Hardin. Gracias por su tiempo".

Gus colgó el teléfono y me sonrió: "hemos terminado la entrevista".

Más tarde, ese mismo día, llamé a mamá para contarle que había hablado con Gus. Me dijo: "estaba muy nerviosa, preguntándome por qué el reclutador de la DEA quería hablarme de tí y no de Jeffrey".

Le dije: "mamá, lo hiciste bien, pero ¿por qué mencionaste a Jeffrey?".

"Es la verdad Larry Ray, sobre Jeffrey", dijo mamá.

Le conté a Catalina lo de la entrevista con Gus. Ella me dijo: "nunca conseguirás un trabajo en la DEA por el pasado delictivo de tu familia".

"Dije la verdad. No me avergüenzo de ello", dije.

Me reuní con Gus durante los meses siguientes y nos hicimos buenos amigos. Mientras esperaba para entrar en la DEA, conseguí un trabajo como funcionario de prisiones en la Oficina

Federal de Prisiones de San Diego (California), y luego en la

Oficina de Inmigración y Naturalización. Un año más tarde, recibí

una llamada de Gus, ofreciéndome una trabajo en la DEA.

Larry Ray Hardin and Dianne DeMille, PhD

Capítulo 66

Mi último baile con mamá

Decidí volver a casa para ver a mi familia en Kentucky. Regresaba como agente especial de la Administración para el Control de Drogas (DEA).

Después de unos días de pesca con papá y de trabajar en sus huertos, decidí pasar un rato con mamá. Era tarde y mamá se iba a acostar pronto, antes de que el sol se ocultase ya de noche.

Mamá y papá

Estaba sentado en el sofá con mamá. Papá estaba recostado en su gastado sillón reclinable, masticando su último trozo de tabaco de la noche. Papá aún no se había quitado sus cómodos zapatos, después ya acompañaría a mamá a la cama.

Estaba escuchando a mamá hablar de algunos de sus tías, tíos y primos que estaban muriendo de enfermedades renales y cardíacas. Entonces mamá dijo: "Larry Ray, la vida se nos va muy rápido. Tu trabajo es muy peligroso. ¿Cómo evitas que alguien te haga daño?".

Antes de que mamá pudiera decir algo más, me levanté de un salto, le apunté con el dedo y le grité: "no te muevas o te vuelo la puta cabeza".

Me senté y dije: "mamá, así es como evito que los malos me hagan daño. No es como lo que se ve en la televisión".

Mamá me miró con la boca abierta como si estuviera en shock. Luego dijo: "¡Dios mío!".

Miré a papá. No se movía de su sillón y ya no masticaba el tabaco.

Mamá empezó a llorar, diciendo: "Larry Ray, me has asustado. Me voy a la cama".

Inmediatamente abracé a mamá y le dije: "siento haberte asustado. Mamá, trabajar en la calle es violento y sucio. Las calles son muy peligrosas y se habla mal. No puedes ser amable y gentil con los malos. Los malos te harán daño y te matarán si pueden".

Mamá se levantó lentamente del sofá y dijo: "me voy a la cama".

Nuestro hogar ya nunca será el mismo

Caminó hacia el dormitorio con la cabeza baja, mirando al suelo. Entonces, de repente, se dio la vuelta y dijo: "tu padre y yo estamos muy preocupados por tí. ¿Por qué ese trabajo, Larry Ray?"

No pude darle una respuesta de por qué elegí la DEA. Le dije: "te quiero, mamá. Siento haberos asustado a tí y a papá".

Mientras papá se quitaba los zapatos y luego los calcetines, me miró y dijo: "me voy a la cama. Te quiero. Te veré por la mañana".

Más tarde, esa misma noche, entré en su dormitorio y me senté en la mecedora de mamá, junto a la gran ventana, para ver cómo dormían mamá y papá. Les susurré: "tengo que irme pronto para volver a mi trabajo en la calle. Os quiero mucho. Dios, por favor, cuida de ellos". Luego les besé en la frente como hacía todas las noches cuando estaba en casa.

Varios días después, hicimos un picnic de reunión familiar en el parquet de My Old Kentucky Home en Bardstown, Kentucky. Papá, Sharon Geneva, sus hijas y yo llegamos temprano para preparar las mesas de picnic y el equipo de cocina. En pocos minutos, el hermano de papá, Joe Luis, y su esposa llegaron.

Inmediatamente, el tío Joe Luis se puso a freír pescado y carne de tortuga para la familia y los amigos que llegarían temprano para el picnic de la mañana. Entonces apareció el tío Charlie sonriendo como una comadreja dispuesto a comer pescado frito. Papá y Charlie cogían el pescado y las tortugas en el lago de Charlie, en la carretera de Bloomfield.

Joe Luis fue el primero en probar el pescado frito para ver si estaba bien cocinado. Después de probarlo, Joe Luis sonrió de oreja a oreja como un bebé listo para llenar su estómago; señal de que la carne de pescado y tortuga estaba lista para comer.

Yo grité primero, antes de que papá pudiera decir: "el desayuno está listo. Venid a tomarlo mientras está caliente".

Papá, el tío Charlie y yo nos unimos al tío Joe Luis, a la tía Helen y a Sharon Geneva con sus hijos para tomar pescado frito caliente desde temprano. A veces los tíos de papá, Jessie Lee y Edison Lee Hardin (hermanos del abuelo) también se unían a nosotros.

Antes de la comida, por fin vi que llegaba el equipo de música de karaoke. Papá y Joe Luis siguieron friendo pescado y carne de tortuga, mientras Charlie entretenía a la familia y a los amigos.

Nuestro hogar ya nunca será el mismo

Estaba emocionado; *¡guau! Nuestra familia y amigos estaban*

todos juntos de nuevo comiendo, cantando y bailando. Nadie se

estaba peleando o fumando marihuana. Un día espléndido para

una reunión familiar.

Picnic: Larry Ray, Ray Hardin Jr, tío abuelo
Edison Hardin, Joseph Richard Hardin, tío Joe
Lewis, y Danny Joe Hardin

Después de un rato, le pregunté a mi primo, "¿me puedes

conseguir whisky?"

"Bueno Larry Ray, he oído que eres un agente federal.

Puedo conseguirte una bolsa de hierba", respondió.

"Pero primo, soy un agente de drogas. No quiero una bolsa

de marihuana. Quiero cuatro litros de alcohol ilegal", le dije.

Más tarde, después de comer, el hermano de mamá, Ernie Johnson, cogió el micro del karaoke para cantar algunas de sus canciones favoritas de música country. Mientras cantaba, le dije a mamá, "¿quieres bailar conmigo?"

Agarré la mano de mamá. Mientras cogía su mano, estaba triste y pensaba; *tenía las manos ásperas e insensibles de tanto lavar, coser, cocinar y limpiar.*

Empezamos a bailar lentamente, le miré a los ojos y le dije cúanto la quería a ella y a papá.

Nuestro último baile.
Mamá y Larry Ray

Mamá respondió, "nosotros también te queremos."

Miré a mi alrededor para ver quién más estaba bailando. "Mamá, nadie está bailando, excepto nosotros. Todos están sentados en las mesas mirándonos". Ella sonrió y se rió mientras seguíamos bailando.

Cuando terminamos, mamá susurró: "te quiero, Lawrence Raymond. Tu padre y yo estamos orgullosos de tí".

Nuestro hogar ya nunca será el mismo

Extrañamente, sentí que éste podría ser el último baile que mamá y yo tendríamos juntos de nuevo. Era nuestro último baile juntos en esta tierra.

Mamá siempre dijo que la muerte del pequeño Daniel (Doodle Bug) rompió nuestro círculo familiar. Mamá y papá lloraron el resto de sus vidas por la forma en que Daniel murió.

El 31 de diciembre de 2016, Mamá estuvo ingresada en el Hospital Flaget Memorial durante unos días, y nos prometimos que cada año en la víspera de Año Nuevo bailaríamos juntos.

Unos días más tarde, cuando estaba en casa de Sharon Geneva, en Old Bloomfield, la contemplé sentada en un sillón reclinable marrón junto a una pequeña cama. La abracé y la besé varias veces. No quería soltarla de mis brazos. Mamá y yo sabíamos que sería nuestra última vez en abrazarnos y besarnos.

Volví a besarla y le susurré: "mamá, me tengo que ir. ¿vas a estar bien?"

Me quedé mirando sus tristes y brillantes ojos azules. Intenté con todas mis fuerzas no llorar. Pero no pude contener las lágrimas por más tiempo. Empecé a llorar.

"Larry Ray, ¿por qué lloras?", preguntó ella.

"Lo siento, mamá", susurré.

No te preocupes. Voy a estar bien. "Me voy a casa", dijo ella.

No podía ver a mamá morir lentamente; y ella no quería que la viera morir. Recordé sus palabras para la eternidad mientras me daba la vuelta para salir del dormitorio: "te quiero Lawrence Raymond. Hasta luego".

"Te quiero mamá. Te veo luego", grité en silencio.

Este fue mi último recuerdo de mamá en esta tierra.

Cuando salí de la casa llorando, pensaba: "¡volveremos a bailar juntos!

Más tarde ese día, mamá le dijo a Debra Jean que entendía por qué me iba. "En el hospital, Larry Ray y yo hablamos de que me iría pronto. Nos prometimos que cada año, el 31 de diciembre, recordaríamos nuestra charla sobre Dios, la vida y la muerte en el Flaget Memorial Hospital. Nuestras palabras serán siempre nuestro secreto hasta que nos volvamos a encontrar", dijo.

Nuestro hogar ya nunca será el mismo

El 14 de enero de 2017, las últimas palabras de mamá con Sharon Geneva y su hermana, la tía Mary Smith fueron, "os quiero a todos." *Mamá falleció de un ataque al corazón en la casa de mi hermana en Bardstown, Kentucky.*

Mamá tenía 80 años cuando falleció.

Estaba enferma y cansada de sufrir. Y tenía ganas de irse a la otra vida junto con Daniel, su niño pequeño, Jesús, y la Virgen María.

Larry Ray Hardin and Dianne DeMille, PhD

Capítulo 67

Gritaré si me pellizcas el culo

Un año después, papá me llamó y me dijo: "quiero que vengas a casa ahora".

"De acuerdo, papá", respondí.

Después de esa llamada telefónica con papá, sentí que una voz interior me susurraba: "vas a ir a casa a enterrar a tu padre".

Cuando llegué a casa unos días después, papá se recostó en su sofá reclinable marrón. Masticando tabaco, me explicó que se estaba muriendo y que pronto se iría. Papá me miró y dijo que quería que Stacy Hardin (la hija menor del tío JT Hardin), Ronnie Smith (el hijo mayor del tío Charlie), Stanley, Earl y Kevin Watts, fueran los portadores del féretro en la tumba.

Le pregunté: "papá, sabes que Jeffrey, Bubbie, Joey (el hijo de Bubbie) y yo llevaremos tu ataúd a la tumba, junto a mamá".

Papá me miró fijamente, luego sonrió y dijo: "si me agacho y te doy un pellizco en el trasero, ¿me vas a tirar al suelo?".

"Papá, gritaré si me pellizcas en el trasero. Asustaré a todo el mundo en la tumba; incluso a tí, papá", respondí.

Tres días antes de que papá muriera, me desperté de madrugada de un sueño ligero para oírle volver del baño a su cama. A los pocos minutos, le oí susurrar en el dormitorio diciendo: "tengo miedo".

Me levanté tranquilamente de la cama y me asomé a la habitación de papá. ¿Con quién estaba hablando papá en su habitación? No vi a nadie con él. Entonces sentí la presencia de alguien en la habitación de al lado.

Me pregunté: *¿está papá hablando con Jesús y el Espíritu Santo*?

Sólo papá y yo estábamos solos en la casa. Sin duda, papá estaba sufriendo de insuficiencia renal y muriéndose lentamente.

Volví a la cama y me acosté pensando en la muerte de mamá. Un rato después, oí a papá susurrar de nuevo en la sala de estar, no en su habitación. Le escuché mientras lloraba en silencio y susurraba, "tengo miedo. Te quiero." Luego lentamente volvió a su habitación.

Me preguntaba; *¿quién estaba en la sala de estar con papá?*

Nuestro hogar ya nunca será el mismo

Dos días después, el sábado por la mañana, cuando Sharon Geneva, Debra Jean y yo estábamos hablando con papá, nos dijo: "Sharon Geneva, quiero que traslades la pequeña cama de 'hospital' a la sala de estar. Llama a los nietos, al resto de los niños, a mis amigos y a Charlie (Smith) para que vengan a verme".

A lo largo del día, vinieron a decirle "adiós" a papá. Cuando todos se fueron, papá miró a Sharon Geneva y a Debra Jean y dijo: "estoy listo para irme".

Se recostó en su cama mirando alrededor de la habitación. Noté que estaba alerta y que masticaba lentamente su tabaco.

A primera hora de la mañana del domingo 4 de febrero de 2018, papá le dijo a Jeffrey que cocinara tocino de pavo. Supongo que quería oler el tocino que le encantaba tomar en el desayuno.

Esa misma mañana, mientras los ojos azules de papá brillaban, miró a Debra Jean y a Sharon Geneva. Fue incapaz de hablar con ellas, sólo de sonreír. Debra Jean y Sharon Geneva le cogieron de la mano.

A los pies de la cama de papá, me quedé mirándolo mientras respiraba lentamente. Al igual que mamá, no quería verlo morir

Intenté alejarme tranquilamente para salir. Pero me gritó: "Larry Ray".

Sharon Geneva y Debra Jean dijeron: "Larry Ray, papá quiere que te quedes con él".

Papá me miró fijamente y sonrió. Le devolví la sonrisa, sin llorar. Papá sabía que yo no podía seguirle esta vez en su viaje espiritual.

En cuestión de minutos, papá cerró los ojos y dejó de respirar mientras su espíritu se iba en silencio de este mundo. Vi cómo sus labios se volvían rápidamente de color azul oscuro, y luego el color azul desaparecía gradualmente. Vi que las lágrimas de sus ojos bajaban lentamente por su cara y pensé; *¿por qué llora papá? Creo que porque no quiere 'dejarnos' solos.*

Mamá falleció el 14 de Enero de 2017. Finalmente se fue al cielo a ver a su hijo pequeño James Daniel Hardin. Papá se reunió con mamá y Daniel el 4 de Febrero de 2018.

Capítulo 68

Pastel de manzanas de Kentucky

Después de jubilarme, visité la tumba de mamá y papá en el cementerio de Mount Washington y vi a la familia y a los amigos en Mount Washington, Bardstown y Taylorsville. Luego, regresé a San Diego.

Antes de salir de Bardstown, un desconocido policía me dio tres botellas de buen whisky de Kentucky *"Apple Pie"*. Puse las botellas en mi equipaje antes de coger el avión en Louisville.

Cuando finalmente llegué al aeropuerto de San Diego, fui a recoger mi equipaje facturado en la cinta transportadora. Me fijé en dos agentes de la DEA, amigos míos, que estaban cerca de la zona de recogida. Ambos agentes estaban asignados al Grupo de Trabajo de Narcóticos del Aeropuerto (NTF por sus siglas en ingles).

Le susurré a uno de los agentes: "hola hermano, ¿cómo estás? Me alegro de verte. Me encanta estar jubilado".

Inmediatamente gritó: "señor, soy un agente federal de Narcóticos. Quiero hablar con usted sobre su viaje de hoy".

Me reí diciendo: "¿qué? ¿estás bromeando? Somos amigos".

Preguntó: "Señor, ¿podría permitirme mirar sus maletas?" "Usted sabe lo que hay en mi equipaje. Siempre llevo whisky de Kentucky "Apple Pie". Las botellas son para nuestros amigos y fiestas de jubilación", dije.

Mientras hablaba con el agente, el otro agente abrió rápidamente mi equipaje y encontró tres botellas llenas de líquido rojizo.

El agente que registraba mi equipaje cogió inmediatamente una de las botellas, la levantó por encima de su cabeza para que todo el mundo en la zona de la terminal del aeropuerto pudiera verla y gritó: "señor, ¿qué es esto?".

Le susurré enfadado: "¿está bromeando? Ya sabes lo que es".

"Señor, me tengo que llevar esta botella y analizarla para ver si hay alguna sustancia ilegal".

Volví a susurrar: "no puedo darle una botella. Le prometí una botella para un agente del IRS, una botella para un agente del

NCIS, y la otra botella para un agente del FBI. Caballeros, me estáis avergonzando delante de todos estos pasajeros que recogen su equipaje".

El agente de la DEA respondió: "gracias, señor, por la botella. Dejaré las otras dos botellas en su equipaje".

Más tarde me enteré de que a los agentes de la DEA les encantaba el whisky de Kentucky. Los agentes dijeron que estaban deseando volver a verme en el aeropuerto de San Diego.

Larry Ray Hardin and Dianne DeMille, PhD

Capítulo 69

Cuidados paliativos y justicia penal

Una semana después de dejar la DEA, un amigo jubilado de las fuerzas del orden me pidió que le acompañara a ver a su amigo, un veterano de la Segunda Guerra Mundial.

Me dijo: "el veterano de la Marina se cayó accidentalmente en su casa. Está en un centro de rehabilitación para discapacitados en San Diego, California".

"Es un veterano de la Marina de la Segunda Guerra Mundial. Será un honor", dije.

Cuando caminaba por el pasillo del centro de atención de rehabilitación para ir a la habitación del veterano de la Segunda Guerra Mundial, me di cuenta rápidamente de que otras personas mayores y algunas más jóvenes estaban tumbadas en sus camas o sentadas en sillas de ruedas.

Más tarde, una enfermera auxiliar me dijo que muchos de los pacientes sufrían accidentes y derrames cerebrales. Me dijo: "tenemos varios pacientes mayores y veteranos que no tienen familia ni amigos que los visiten. Al final, algunos de los pacientes mayores mueren solos".

En el centro asistencial, me entristeció ver a personas mayores y jóvenes que no podían disfrutar de la libertad de ver, comer con normalidad, hablar, caminar o mover los brazos y las piernas. Después de visitar el centro, sentí la necesidad de volver y hablar con algunos de ellos y discutir cómo habían encontrado su objetivo final en la vida.

Pronto empecé a visitar a los agentes de la ley y a otras personas que vivían en residencias de ancianos y casas particulares en toda la zona del condado de San Diego.

Me ofrecí como voluntario en un hospicio. Le dije al personal del hospicio que me gustaría visitar a los veteranos militares de la Segunda Guerra Mundial, Corea del Norte, Vietnam y otras guerras. Me senté junto a las camas de muchos veteranos militares escuchando su fe en Dios y su amor por la familia y la patria.

Los veteranos militares compartieron los acontecimientos de su vida pasada sobre las horribles muertes que habían visto en la guerra. A veces, compartían sus recuerdos sobre sus cónyuges, hijos, familiares y amigos.

Hubo algunos veteranos, especialmente los de Vietnam, que se sintieron traicionados por una guerra que nunca fue declarada por los Estados Unidos.

Muchos de los veteranos moribundos mencionaron a Jesucristo y a sus familiares que murieron antes que ellos. En una de las muchas ocasiones, hablé con un veterano moribundo de la Segunda Guerra Mundial que tenía mucha alegría en su voz y brillo en su rostro cuando me preguntó: "¿está mi esposa aquí conmigo? la veo de pie a mi lado. ¿La ves de pie junto a la cama?".

Le susurré: "Señor, sólo usted puede ver a su esposa".

Luego me pregunté si ella estaba allí para llevarse a su marido a casa.

No me gustaba ver a militares veteranos morir solos sin sus familias, en especial si tenían hijos.

Pensaba con tristeza; *¿cómo podían algunos militares veteranos y oficiales de policía morir en casa y en hogares de ancianos sin familia, hijos o amigos?*

Empecé a impartir cursos de justicia penal en una universidad de San Diego. Debido a las políticas de la universidad, algunos miembros del personal docente me alentaron encarecidamente a no mencionar nada sobre los mandamientos de Dios ni los valores conservadores de lo que estaba bien y mal a los estudiantes en el aula.

En el aula, no mencioné la Biblia directamente, pero indirectamente la referí a un viejo libro que documentaba el primer asesinato de la historia. Proporcioné a los alumnos el siguiente ejemplo del primer asesinato documentado: Caín y su hermano Abel eran hijos del primer hombre y la primera mujer creados en la tierra. Caín cogió una piedra y mató a su hermano Abel.

También expliqué a los alumnos que en la Biblia había varias leyes morales escritas, como: "no matarás". "no robarás". "no mentirás".

Más tarde, mientras estaba en la base naval de Rota, España, la Universidad Central de Texas (CTC siglas en inglés) me contrató como profesor adjunto. Me brindaron la oportunidad de

Nuestro hogar ya nunca será el mismo

impartir cursos de aplicación del derecho penal a los militares y

sus familiares en España y en toda Europa.

Disfruté la maravillosa experiencia de trabajar para la

Universidad Central de Texas en España enseñando a muchos

militares y a sus dependientes. Los estudiantes demostraron en las

clases tener valores sólidos y creencia en la ley de Dios, amor por

la justicia americana, sirviendo con orgullo para proteger nuestro

forma de vida.

Larry Ray Hardin and Dianne DeMille, PhD

Capítulo 70

¡Oh, gran espíritu!

Sigo compartiendo mis historias reales sobre el funcionamiento de la ley con los estudiantes que se especializan en Justicia penal en una universidad local de San Diego y en una de las universidades europeas. También tengo un negocio de investigación privada y soy voluntario visitando a veteranos militares, agentes de la ley y oficiales de policía en hospicios.

Nuestro Señor Jesús, mi familia, parientes y vecinos de Big Plum Creek me ayudaron a formarme, no sólo como persona sino espiritualmente. Mientras trabajaba en el ejército y en la DEA, luché por descubrir la verdad sobre la vida y que hay un Dios que me ama. Un Dios que entregó a su hijo Jesús para morir por mis pecados.

Mi triunfo fue mantener la fe y no ser grande que mi hermano sino luchar contra mi mayor enemigo: yo mismo.

Larry Ray Hardin and Dianne DeMille, PhD

Oh, gran espíritu,
cuya voz escucho en el viento
y cuyo aliento da vida a todo el mundo,
escúchame, soy pequeño y débil,
necesito tu fuerza y sabiduría.

Déjame caminar en la belleza y haz que mis ojos
contemplen cada roja y purpura puesta de sol.
Haz que mis manos respeten las cosas que has hecho
y que mis oídos se agudicen para escuchar tu voz.
Hazme sabio para que pueda comprender las cosas que
puedas enseñarme
Déjame aprender las lecciones que
has aprendido en cada hoja y en cada roca.

Busca la fuerza no para ser
más grande que mi hermano,
sino para luchar contra mi mayor enemigo-yo mismo.
Haz que siempre esté listo para venir a tí.
con las manos limpias y los ojos abiertos.
Para que cuando la vida se apague, con una puesta de sol
Mi espíritu pueda venir a tí sin avergonzarte.

Epílogo

La maldad que vi en los ojos de algunas de las personas con las que trabajé y en las que confié en las comunidades militar y policial y en nuestro gobierno fue un reto para mí. Me desafió a no perder la esperanza de que algún día ganemos la guerra contra las drogas y ganemos la guerra contra el crimen.

Los momentos más peligrosos a los que me enfrenté mientras trabajaba en el ámbito de los estupefacientes en Estados Unidos, México y en la embajada estadounidense en Bogotá, Colombia, no me hicieron perder mi fe en Dios ni mi amor por Jesucristo. También fue uno de mis mayores retos no perder la fe en la humanidad.

Cuando el esposo de mi hermana, Jimmy, murió lentamente a causa de un accidente de trabajo, nuestra familia la apoyó emocionalmente para mantenernos a todos unidos. Al cabo de un año, mi hermano pequeño Daniel murió en casa dentro del garaje.

Después de dormir juntos durante muchos años, Bubbie se quedó solo sin Daniel. Daniel y Bubbie estaban unidos como

Jeffrey y yo. Daniel no estaba allí para jugar al baloncesto o nadar en los arroyos con sus hermanos, ni para ir a pescar con papá, ni para pasear por el bosque con mamá a última hora de la tarde.

Cuando Jimmy y Daniel murieron, nuestro círculo familiar se rompió. Papá y mamá quedaron emocionalmente marcados de por vida. Mamá dijo: "ya no éramos una familia completa". Con el apoyo de nuestros vecinos de Big Plum Creek, de la iglesia bautista de Plum Creek y de nuestros parientes, aprendimos que la vida continúa.

Papá y mamá se afligieron a lo largo de los años. Muchos nietos nacieron en nuestra familia, pero Jimmy y Daniel no estaban con nosotros para celebrar los cumpleaños y las fiestas juntos.

Nuestro hogar ya no será el mismo.

Agradecimientos

Quiero dar las gracias a mis hermanos, hermanas y parientes, que aportaron historias y fotos familiares. Estoy agradecido por su disposición para hacer esta historia real sobre nuestra vida y la forma en que mamá y papá vivieron y murieron. Realmente no se podría haber hecho sin mi familia. Espero llevar nuestra historia familiar a nuestros lectores sobre cómo vivíamos en Big Plum Creek, cerca de los bosques y arroyos de Kentucky.

Finalmente, mi esposa, Catalina dijo: "Nuestro hogar ya nunca será el mismo."

Pensé; *Catalina tiene razón; nuestro hogar ya nunca será el mismo en San Fernando, España o en Big Plum Creek.*

Les pregunté a Debra Jean, Sharon Geneva, Brenda Sue, y Linda Lou si les gustaba el título del libro, "Nuestro hogar ya nunca será el mismo." Todas estuvieron de acuerdo.

Quiero agradecer especialmente a nuestro Señor Jesús por los vecinos de Big Plum Creek y a la iglesia bautista de Plum

Creek. Nunca podré olvidar su fortaleza de amor, sacrificios y seguridad para nuestra familia.

También quiero agradecer a la Dra. Dianne DeMille y a Pete Jalajas por su arduo trabajo en la edición y corrección de estas historias reales.

---

[1] Robertson, Wilmot. (1981). *The Dispossessed Majority*. Howard Allen Inc Publications.

[2] Tourney, Phillip F. & Gahary, David R. (2017). Erasing the Liberty: *The Battle to Keep Alive the Memory of Israel's Massacre on the USS Liberty.* Ostara Publications.

Las fotos del granero de tabaco, el viejo mulo y Jesús son genéricas y fueron obtenidas de fotos en Google.

www.ingramcontent.com/pod-product-compliance
Lightning Source LLC
Chambersburg PA
CBHW031943090426
42739CB00006B/63